DU

VAGABONDAGE

ET DE LA TRANSPORTATION

PAR

Alfred LAGRÉSILLE

Substitut du Procureur de la République à Remiremont

Docteur en droit

NANCY

IMPRIMERIE NANCÉIENNE, 1, RUE DE LA PÉPINIÈRE

1881

DU

VAGABONDAGE

ET DE LA TRANSPORTATION

PAR

Alfred LAGRÉSILLE

Substitut du Procureur de la République à Remiremont

Docteur en droit

NANCY

IMPRIMERIE NANCÉIENNE, 1, RUE DE LA PÉPINIÈRE

—

1881

DU VAGABONDAGE

ET DE LA TRANSPORTATION

<blockquote>
« Le droit pénal est la chose du monde
» qu'il importe le plus aux hommes de
» savoir. »
(MONTESQUIEU, Esprit des lois, l. 6, ch. 2.)
</blockquote>

TABLE DES CHAPITRES

CHAPITRE I

« *Le vagabondage est un délit* », ainsi s'exprime
l'article 269 du Code pénal.

Cet article, placé au commencement du chapitre
consacré au vagabondage, n'est-il pas inutile et singulier ? Nul autre exemple d'une semblable déclaration ne se trouve dans la loi pénale.

Elle ne qualifie pas de délictueux les faits qu'elle
punit parce que, atteintes à la propriété, violences
envers les personnes, outrages aux pouvoirs sociaux,
attaques contre la paix publique, ce sont évidemment
des actions immorales, infamantes, nuisibles ; leur
caractère mauvais et la nécessité de les réprimer apparaissent clairement.

Il n'en est pas ainsi du vagabondage : tant qu'il
n'est pas accompagné d'un autre délit, il ne blesse
aucun droit privé, il ne fait tort à aucun particulier, il
n'attente ni à la puissance ni à la sûreté publique.
Il n'est pas une action déterminée commise méchamment. Il est un mode général d'existence, un état où
l'individu est jeté par certaines circonstances auxquelles il ne sait pas se soustraire ou bien qu'il embrasse

volontairement, suivant son penchant naturel. Ne semble-t-il pas qu'il soit libre de choisir ce genre de vie aussi bien que tout autre? Que le vagabond, en refusant de se fixer et de se livrer à une occupation suivie, ne fasse qu'user du droit de séjourner où bon lui semble et de faire ce qui lui plaît que chacun peut exercer, à la condition de ne pas léser le droit d'autrui?

Pourquoi, dès lors, la société le punit-elle? Pour établir ici la raison et la nécessité de la répression, il faut rechercher des considérations moins simples.

La peine a surtout pour principe et pour but de maintenir le contrat social, de le défendre en frappant ceux qui refusent de s'y soumettre, d'assurer ainsi la sécurité de tous par la conservation de l'ordre accepté et établi. Or toute société constituée, comme une troupe organisée, est composée d'hommes ayant chacun sa place et ses devoirs. Une situation de famille, créée par le mariage, lui procurant une compagnie, une parenté, des affections ; — un établissement, une habitation, lieu de son séjour habituel qui lui constitue des relations d'amitié et de voisinage, et lui fait éprouver le désir de conserver l'estime de ceux dont il est connu ; — un travail, un emploi de ses facultés, ou du moins une fortune acquise ou quelques ressources qui sont son apport au fonds commun en échange de ce qu'il en consomme : telles sont les conditions nécessaires dans lesquelles vit tout individu.

Le vagabond prétend se soustraire à toutes ces conditions ; il n'a pas de famille où ne se soucie pas d'elle, il n'a point de demeure, il mène une vie errante et oisive sans demander sa subsistance ni au travail ni à aucunes ressources connues. Il est rebelle à la disci-pline sociale. La société a le droit de la rétablir, en punissant l'auteur de cette infraction. Elle a le droit d'exiger que les individus qu'elle admet dans son sein se soumettent à son organisation, des avantages de laquelle ils profitent.

Le juge ne dit pas au vagabond : « Vous avez fait » cela que vous n'aviez pas le droit de faire. — Mais il » lui dit : La loi du travail étant imposée à l'humanité, » si vous viviez dans l'état de nature, vous ne pourriez » trouver vos moyens de subsistance que dans les pro- » duits de votre travail personnel. Vous vivez dans un » état de société où chacun peut consommer les fruits » du travail d'autrui, mais à condition d'apporter au » fonds commun l'équivalent de ce qu'il en retire. » Nous voyons bien ce que vous enlevez au fonds » commun, puisque vous vivez, c'est-à-dire, puisque » vous êtes nourri, vêtu, logé, mais nous ne voyons » pas ce que vous lui apportez. Faites-nous le con- » naître, ou nous serons fondés à croire que vous vivez » sans travailler, aux dépens de ceux qui travaillent, » et comme, alors, vous ne remplissez pas les condi- » tions inhérentes à l'état de l'homme en société, la » société doit vous rejeter de son sein. » (Homberg, *De la répression du vagabondage.*)

La classe des vagabonds est, d'autre part, un élé-ment éminemment dangereux, menaçant la tranquil-lité et la propriété des habitants, inspirant à juste titre l'inquiétude et la crainte. Comment peuvent-ils vivre?

La nécessité, les besoins qu'ils ne satisfont pas par des moyens avouables, les forcent de recourir d'abord à la mendicité et à la rapine. Puis ils contractent dans le genre d'existence qu'ils mènent, en dehors de toute influence morale, des habitudes et des mœurs vicieuses, et les circonstances les poussent aux délits plus graves ou au crime. Étant ainsi plus exposés à commettre des actes punissables, il leur est plus facile en même temps, par leurs déplacements continuels, de dérober la trace de leurs pas et d'échapper aux recherches et à l'action de la justice. Rôdant dans les campagnes, ils pénètrent dans les habitations, pendant l'absence des propriétaires, s'emparant de ce qu'ils peuvent trouver et disparaissent aussitôt; ou bien ils obtiennent l'hospitalité et échappent nuitamment en enlevant les effets qui leur conviennent; c'est à ces individus qui ne laissent ni leur nom ni aucune indication sur le lieu où ils pourraient être trouvés, sauf, quelquefois, un signalement vague, qu'il faut attribuer la plupart de ces vols nombreux dont les auteurs demeurent inconnus.

A ce double point de vue, pour la faute qu'il commet contre l'ordre social et en raison du caractère suspect que présente son mode d'existence, le vagabond mérite d'être l'objet de mesures répressives.

CHAPITRE II

Historique. — Pouvoirs des censeurs à Rome et des proconsuls dans les provinces. — Troupes de vagabonds armés. — Ordonnances royales. — Droit intermédiaire.

Très anciennement, dès la fondation d'une société stable, le législateur reconnut la nécessité de réprimer le vagabondage et édicta contre lui certaines peines qui varièrent suivant les temps et suivant les mœurs.

Lycurgue chassa de Sparte les sujets inutiles. Les lois de Solon et de Minos proscrivirent également les vagabonds et, à Athènes, le tribunal de l'aréopage fut chargé de punir l'oisiveté et d'examiner de quelle manière chaque citoyen employait son temps.

Les lois romaines donnèrent aux censeurs la mission de prendre garde que personne dans la cité ne restât oisif et de surveiller les vagabonds. Les proconsuls, dans les provinces, eurent le pouvoir de les expulser. « Il est, dit Ulpien, du devoir d'un bon proconsul » d'assurer la paix et la sécurité dans la région qu'il » administre, devoir qu'il accomplira facilement s'il a » soin d'en bannir les gens mal famés et sans aveu. » Une constitution des empereurs Gratien et Valentinien alla jusqu'à condamner aux mines tout vagabond en état de travailler.

Au moyen âge, des mesures de toute nature furent

prises successivement pour mettre un terme au vagabondage.

En l'an 570, le concile de Tours prescrivit à chaque
paroisse l'entretien de ses pauvres, et une capitulaire
de Charlemagne, de l'an 806, développant le même
système, défendit expressément de faire l'aumône aux
pauvres hors de leur commune, et de nourrir aucun
mendiant valide qui se refusait de travailler.

Louis IX, en l'an 1270, ordonna dans ses établissements publics : « Que tout individu n'ayant rien, par-
» courant la ville sans rien gagner et hantant les ta-
» vernes, soit arrêté, interrogé sur ses moyens de
» vivre et, s'il est convaincu de mensonge et de mau-
» vaise vie, soit jeté hors de la ville. »

A la suite de la guerre de cent ans, la France fut
envahie de troupes de vagabonds en armes ; les mer-
cenaires dont étaient composées les armées, licenciés,
la paix faite, continuèrent la vie d'aventure et de pil-
lage à laquelle ils étaient accoutumés dans les camps ;
tard venus, écorcheurs, malandrins, routiers, bandes
noires, grandes compagnies, terrorisaient les campagnes, et il fallut envoyer les meilleurs généraux pour
les détruire. La même époque vit encore le peuple des
Bohémiens se répandre sur l'Europe ; la peste de 1348
engendrer la misère et la mendicité ; la Jacquerie
soulever et pousser hors de leurs villages, les paysans
affamés. Aussi diverses ordonnances royales établirent
alors contre les vagabonds les peines les plus rigou-
reuses.

Une ordonnance du roi Jean, du mois de décembre

1454, défendit sévèrement à toutes personnes valides, hommes ou femmes, de demeurer sans travailler dans les tavernes ou autres lieux, et ordonne aux mendiants et gens sans aveu de sortir dans les trois jours de Paris, sous peine d'abord de l'emprisonnement au pain et à l'eau, et, en cas de récidive, du pilori pour la première fois, de la marque au front d'un fer chaud et du bannissement pour la seconde.

Une déclaration du 6 juillet 1493 accorde à chaque bailli ou sénéchal, des nobles et gens de pied, exempts de l'arrière-ban, au nombre de 40 hommes, pour prendre les vagabonds et voleurs de grand chemin, et l'ordonnance de Blois (1498) donna à ces magistrats juridiction sur les vagabonds, et les autorisa à prononcer : la peine de mort, la question ou la torture, en appelant avec eux six ou quatre pour le moins des praticiens et conseillers de leur auditoire (article 92 et suivants).

Une déclaration de François Ier, de janvier 1534, condamna les vagabonds au supplice de la roue.

Les ordonnances du 18 avril 1558, du 4 février 1567, du 30 mars 1635 et du 25 juillet 1700, portèrent les peines de la hart, du fouet, de la marque, de la prison et, en cas de récidive, des galères.

Sous la régence du duc d'Orléans, la France possédait en Amérique de vastes colonies encore peu peuplées ; la culture des terres y exigeait des envois d'hommes : le Gouvernement résolut, aux termes de la déclaration du 7 janvier 1719, d'y faire transporter comme engagés soit à terme, soit à perpétuité, les vagabonds et gens sans aveu qui, ne s'étant pas soumis aux ordonnances, avaient encouru la peine des galères. Mais cette mesure rencontra l'opposition du Parlement, elle ne fut pas mise à exécution, et elle fut abrogée dès 1722 par la raison que « les colonies se trouvant » alors peuplées par un grand nombre de familles qui » s'y étaient établies, ces colons volontaires parais- » saient plus propres à établir un bon commerce avec » les naturels du pays, que des gens qui y portaient » avec eux la fainéantise et leurs mauvaises mœurs. » (Déclaration du 5 juillet 1722).

L'acte de 1724 organisa ensuite, pour les mendiants et vagabonds valides, un travail forcé: « Pour ôter » tout prétexte aux mendiants valides qui voudraient » excuser leur fainéantise et leur mendicité sur ce » qu'ils n'ont pu trouver de travail pour gagner leur » vie, nous permettons, porte l'article 2, à tous men- » diants valides qui n'auraient pas trouvé d'ouvrage » dans le délai de quinzaine, de s'engager aux hôpi- » taux qui, au moyen dudit engagement, seront tenus » de leur fournir la subsistance et l'entretien. Ces » engagés seront distribués en compagnies de vingt » hommes. chacune sous le commandement d'un ser- » gent qui les conduira tous les jours à l'ouvrage, et » sans la permission duquel ils ne pourront s'absenter. » Ils seront employés aux ouvrages des ponts et chaus- » sées, ou autres travaux publics et autres sortes d'ou- » vrages qui seront jugés convenables; leurs journées » seront payées entre les mains du sergent au profit » de l'hôpital, sur le pied qui aura été convenu avec

» les directeurs, qui leur donneront, toutes les
» semaines, une gratification sur le montant de leurs
» journées, qui sera au moins du sixième du produit
» et même un peu plus forte, s'ils se sont bien acquit-
» tés de leur travail. »

Cet essai échoua également; il fut abandonné à
cause des dangers que l'insubordination et la sauvage-
rie de ces bandes d'ouvriers firent courir aux habitants
des campagnes et aux voyageurs.

L'édit du 5 août 1764 fut le dernier acte de la monarchie en cette matière et forma, jusqu'en 1789, le
code de la répression de la mendicité et du vagabondage. Il ne fit que généraliser la législation, en déclarant les ordonnances applicables à tout le royaume et
établir une pénalité plus sévère; la peine des galères
fut infligée aux vagabonds valides et celle de la prison
à temps, à ceux à qui leur âge, leurs infirmités ou leur
sexe n'auraient pas permis de subir cette peine. «—Cette
» rigueur, porte le préambule de l'édit, nous a paru
» d'autant plus nécessaire que ce n'est que par la sévé-
» rité des peines que l'on peut espérer de retenir ceux
» que l'oisiveté et la fainéantise pourraient engager à
» continuer un genre de vie qui n'est pas moins con-
» traire à la religion et aux bonnes mœurs qu'au repos
» et à la tranquillité de nos sujets. »

L'Assemblée constituante mit la question de la
mendicité et du vagabondge au nombre de celles
qui devaient occuper, les premières, la sollicitude
du législateur. Mais elle ne put terminer son œuvre
et les législatures suivantes ne prirent que quel-

ques mesures provisoires touchant plutôt la mendicité.

Telles furent :

Le décret du 16 décembre 1790, qui accorde un cré-
dit de 15 millions pour l'ouverture d'ateliers de cha-
rité.

Les lois du 19 mars et du 28 juin 1793, qui établirent des maisons de travail dans les départements.

Le décret du 24 vendémiaire an II, qui organisa des
travaux de secours pour les indigents, des maisons de
répression pour les vagabonds et la transportation des
mendiants et vagabonds récidivistes à l'île de Mada-
gascar.

La loi du 28 germinal an VI sur l'organisation de
la gendarmerie, qui plaça, dans les attributions de ce
corps, la surveillance des mendiants et vagabonds.

La loi du 18 pluviôse an IX, qui conféra à des tribunaux spéciaux la connaissance exclusive du délit de
vagabondage ainsi que des crimes et délits emportant
une peine afflictive ou infamante, commis par des vagabonds ou gens sans aveu.

CHAPITRE III

Les dispositions du Code pénal contre le vagabondage sont de deux sortes, faites pour obtenir un double
résultat : il punit la faute commise par le vagabond, en
lui infligeant une peine d'emprisonnement dont la durée varie suivant les cas, est augmentée en raison de
certaines circonstances de nature à faire supposer, chez
lui, plus de perversité : s'il s'est rendu coupable d'autres
délits ou s'il est trouvé muni de certains instruments ou
de certains effets ; — à l'expiration de sa peine, pour
défendre la société contre son retour, il édicte, à son
égard, des mesures spéciales : le met à la disposition
du Gouvernement, qui lui impose tel régime ou tels
travaux, ou permet à l'administration de l'expulser du
territoire français, s'il est étranger.

L'exposé des motifs exprime la pensée de ce système :

« Le projet de loi définit le vagabondage, il l'érige
» en délit et lui inflige une peine correctionnelle.
» Toutefois, il ne s'arrête point là. Que serait-ce, en
» effet, qu'un emprisonnement de quelques mois, si
» le vagabond était ensuite purement et simplement
» replacé dans la société à laquelle il n'offrirait aucune

» garantie? Celui qui n'a ni domicile, ni moyen
» d'existence, ni profession, ni métier, n'est point, en
» effet, membre de la cité; elle peut le rejeter et le
» laisser à la disposition du Gouvernement qui pourra,
» dans sa prudence, ou l'admettre à caution, si un
» citoyen honnête et solvable veut bien en répondre,
» ou le placer dans une maison de travail jusqu'à ce
» qu'il ait appris à subvenir à ses besoins, ou enfin le
» détenir comme un être nuisible et dangereux, s'il
» n'y a nul amendement à espérer. » (Exposé fait par
M. Berlier, au Corps législatif.)

Mais, avant de poser ces règles de la répression, le
Code détermine les diverses circonstances dont la réunion produit le vagabondage.

Les termes de cette définition avaient varié dans les
législations antérieures :

« Celui-là est dit vagabond, d'après les juriscon-
» sultes romains, qui va errant par le monde et n'a
» aucun domicile certain où il demeure. » (Julius
Clarus, *Quæst.* 39, *Glose in leg.* 4, § 5 : *De damno
infecto.*)

La déclaration du 5 février 1731, définit les vagabonds : « Ceux qui, n'ayant ni métier, ni profession,
» ni domicile certain, ni rien pour subsister, ne
» peuvent être avoués ni faire certifier de leur bonne
» vie et mœurs par personnes dignes de foi. »

La loi du 22 juillet 1791 distingue les gens sans
aveu et les vagabonds: les gens sans aveu sont les personnes domiciliées qui, quoique en état de travailler,
n'exercent ni métier, ni profession et n'ont ni moyens

de subsistance, ni répondant qui se charge de leur
entretien ; les vagabonds, celles qui se trouvent dans
les mêmes conditions et qui, de plus, n'ont pas de domicile.

La loi du 10 vendémiaire an IV impose à tous voyageurs l'obligation du passeport et établit, contre ceux
qui en seraient trouvés dépourvus, une présomption
de vagabondage qu'ils ne peuvent détruire qu'en fai-
sant preuve, dans les vingt jours, d'un établissement
dans une commune. « Tout individu voyageant et
» trouvé hors de son canton sans passeport, à défaut
» de justifier, dans deux décades, de son inscription
» sur le tableau d'une commune, est réputé vagabond
» et sans aveu, et traduit comme tel devant les tribu-
» naux. » (Art. 6 et 7, titre III.)

Sous l'empire du Code pénal, le délit de vagabondage
ne consiste plus dans le défaut de cette pièce ; l'obligation du passeport, imposée par la police administrative, n'est qu'une mesure d'ordre et de sûreté publique,
ayant pour but de constater l'identité de la personne
qui voyage. Son absence, jointe au manque absolu de
tout papier, sera peut-être de nature à éveiller les
soupçons de la justice et à motiver, dans certaines circonstances, une arrestation préventive ; mais, devant
le tribunal, ce fait ne suffira pas pour établir le délit,
de même que, d'autre part, la présentation d'un passeport ne suffirait pas pour écarter la prévention.

Le Code pénal ne reproduit non plus la distinction
entre les vagabonds et les gens sans aveu ; l'article 270
confond ces deux termes dans sa définition :

« Les vagabonds ou gens sans aveu, porte cet article,
» sont ceux qui n'ont ni domicile certain, ni moyens
» de subsistance et qui n'exercent habituellement ni
» métier, ni profession. »

Le concours de ces trois circonstances constitue donc aujourd'hui l'état de vagabondage.

Le défaut de domicile certain ;

Le défaut de moyens de subsistance ;

Le défaut de métier ou profession.

A ces éléments matériels doit encore s'ajouter, dans la personne du vagabond, l'élément intentionnel, la faute. Lorsque le fait a été accompli indépendamment de la volonté de l'agent et n'implique ainsi, de sa part, aucune immoralité, la contravention de police peut subsister, il ne peut y avoir de délit. La loi, en considérant et en punissant comme tel le vagabondage, admet, par cela même, qu'il prend sa source dans des actes volontairement commis ; elle ne peut frapper ce genre de vie qu'autant qu'il a été librement adopté ; car ce n'est que dans ce cas qu'il indique un caractère vicieux chez celui qui s'y livre.

Les circonstances énumérées dans l'article 270 font présumer la faute ; mais il est permis au prévenu d'écarter cette présomption en démontrant que, résultant d'un accident de force majeure, elles ne lui sont pas imputables : le tribunal aura à apprécier cette justification.

Par application de ce principe, il est certain que des personnes privées temporairement par un incendie, un éboulement, une inondation, une invasion de l'ennemi, de leur domicile et de leurs ressources, tant que ces faits sont encore récents, bien qu'elles se trouvent dans la situation définie par l'article 270, ne doivent pas être inculpées de vagabondage.

De même, la jurisprudence ne traite pas comme vagabond l'individu qui, se trouvant sans asile et sans autres moyens de vivre, est physiquement incapable de tout travail, en raison de son âge, d'une infirmité ou d'une maladie ; il serait injuste de lui reprocher sa situation : c'est à l'hospice ou au dépôt de mendicité, et non à la prison, de recueillir ce malheureux.

De même encore, les tribunaux refusent, avec raison, d'appliquer l'article 271 aux condamnés libérés qui, sortis de prison depuis quelques jours seulement, n'ont pas eu encore le temps matériel nécessaire pour regagner leur domicile ou se créer un établissement et se procurer quelque travail.

CHAPITRE IV

Défaut de domicile certain. — Domicile réel et domicile légal. —
Vagabondage des mineurs, femmes mariées, interdits et des condamnés sous la surveillance de la haute police. — Habitation.

La première des circonstances de fait qui constituent
l'état de vagabondage est le défaut de domicile certain.

Le domicile, d'une manière générale, est le lieu où
l'individu habite, où il fixe sa vie, où il a son principal
établissement.

Après avoir déterminé ces éléments du domicile
réel et les conditions de son changement, le Code
civil attribue à certaines personnes un domicile légal :
à la femme mariée, le domicile de son mari ; au mineur non émancipé, celui de ses père et mère ou tuteur ;
à l'interdit, celui de son tuteur. Ce domicile leur appartient de plein droit, indépendamment de tout fait
de résidence de leur part.

Appliquer cette fiction en matière de droit pénal
serait laisser impunis les vagabondages de toutes ces
personnes, bien que, dans la réalité, tous les carac-
tères du délit et ses dangers se présentent en elles.

Telle fut la théorie admise par certains arrêts de
cours d'appel. La cour de Bourges, dans un arrêt du 3
février 1831, décida qu'il n'y avait pas lieu de déclarer

l'inculpé en état de vagabondage parce que il avait, de par la loi, un domicile au domicile paternel. — La cour de Colmar jugea de même, dans son arrêt du 10 novembre 1831, que le mineur, ayant son domicile chez ses père et mère, ne peut se trouver légalement en état de vagabondage, et, dans son arrêt du 11 du même mois, que les enfants trouvés, étant sous la tutelle des hospices et ayant, par suite, leur domicile dans l'établissement ou chez le maître auquel ils sont confiés, ne peuvent être, en droit, dans les conditions qui caractérisent le délit.

Tel n'est pas, suivant nous, l'esprit de la loi. Le domicile légal n'est qu'une abstraction établie pour désigner le lieu où l'individu doit être assigné, pour permettre l'accomplissement des actes civils qui le concernent. Il ne saurait constituer la garantie que la loi entend donner au corps social, en exigeant que chacun de ses membres soit domicilié; c'est seulement le fait, l'habitation effective, le domicil réel qui peut rassurer l'ordre public. Le texte même de l'article 270 exprime cette pensée, en qualifiant de « certain » le domicile dont le défaut est la condition du vagabondage: il emprunte cette expression à cette définition romaine du vagabond, par Julius Clarus: « Celui qui » n'a pas un domicile certain où il habite; j'insiste » sur ces mots « où il habité », car c'est cette circons- » tance qu'il faut considérer: l'individu n'ayant pas un » domicile certain d'habitation, peut être, partout, » arrêté et condamné. »

Aussi la Cour de cassation ne s'est-elle pas pronon-

cée dans le sens des arrêts que nous avons cités. « Si
» le vagabondage, avait observé le procureur général,
» dans l'espèce du mineur, est dangereux à tout âge,
» il a surtout, pour un enfant, ce caractère particulier
» de façonner son âme à l'oisiveté, de lui inspirer le
» dégoût du travail et de le mettre sur le penchant du
» vice. Si, trop jeune encore, il ne sent pas tout le mal
» qu'il se fait à lui-même et celui dont il menace la
» société, la justice trouve dans nos Codes des disposi-
» tions qui lui permettent d'atténuer la peine, mais la
» loi veut une punition qui ne consiste pas dans la
» détention accidentelle qui précède le jugement, mais
» dans celle qui a le caractère de la peine, résultat du
» jugement même. » Cette manière de voir avait été
adoptée par la Cour, dont l'arrêt portait : « Qu'un tri-
» bunal correctionnel qui reconnaît qu'un individu
» mineur n'a ni domicile certain, ni moyens de subsis-
» tance, qu'il n'exerce ni métier ni profession, qu'il
» est dans un état habituel de vagabondage et de men-
» dicité, qu'il n'a ni parents ni amis pour lui donner
» des secours, ne peut pas se dispenser de prononcer
» les peines prévues pour le vagabondage. » (Arrêt du
21 mai 1823).

La jurisprudence des cours d'appel a été définitivement condamnée par la loi du 28 avril 1832. Cette loi,
modifiant la rédaction de l'article 271 du Code pénal,
établit que les vagabonds, âgés de moins de seize ans,
ne pourront plus être frappés de la peine d'emprisonnement, mais seulement être renvoyés sous la surveillance de la haute police jusqu'à l'âge de vingt ans

accomplis; elle déclare ainsi implicitement que les mineurs, bien que, ayant forcément des père, mère ou tuteur, ils ne puissent se trouver sans avoir un domicile légal, peuvent néanmoins étre punis comme vagabonds.

Une question semblable, comportant, à notre avis, la même solution, s'est posée au sujet du condamné libéré, placé sous la surveillance de la haute police, auquel le Gouvernement a imposé une résidence. La cour de Bourges avait jugé, dans ses arrêts des 31 mars, 21 avril et 24 mai 1842, « que l'inculpé, condamné » antérieurement à l'emprisonnement et à la surveil- » lance, se trouvant avoir, par l'effet de cette surveil- » lance, un domicile fixe, les premiers juges avaient » méconnu la loi en le déclarant simultanément cou- » pable de vagabondage et de rupture de ban. » La Cour de cassation a décidé au contraire : « Que la rési- » dence assignée aux individus placés sous la surveil- » lance de la haute police, ne constitue le domicile » certain exigé par l'article 270, qu'autant que la » résidence devient, de fait, l'habitation de celui » qui subit cette surveillance ; qu'en effet, c'est le » défaut d'habitation qui forme le principal caractère » du délit de vagabondage ; c'est la raison de son exis- » tence aventureuse et de la facilité avec laquelle il » dérobe ses actions aux regards. » (Arrêt du 10 dé- cembre 1849.) Cette jurisprudence s'est affirmée de nouveau dans l'arrêt du 7 septembre 1855, portant « que le condamné qui a abandonné la résidence qui » lui avait été assignée par le Gouvernement, ne peut

» invoquer cette résidence comme constituant, à son
» égard, un domicile certain; que ce domicile de fait
» cesse nécessairement par l'abandon. »

Ni la fiction d'un domicile légal, ni une résidence
obligée non effective ne constituent donc « un domicile certain »; par cette expression, l'article 270 entend
un domicile réel, une habitation.

Quels sont les faits de séjour dans un lieu déterminé suffisants pour que cette habitation soit acquise ?
C'est là une question nécessairement abandonnée à
l'appréciation des juges ; ils décideront suivant un en-
semble de circonstances particulier à chaque espèce.
Il est possible cependant, de formuler quelques
règles :

Il est généralement reconnu que, du moment qu'un
individu a, quelque part, des liens de famille et d'af-
fection, des intérêts qu'il n'a pas abandonnés, n'est
pas étranger en ce lieu, y paraît au moins quelquefois
et a la facilité de s'y arrêter, quand bon lui semble et
d'y demeurer plutôt qu'en tout autre lieu, il ne doit
pas être déclaré vagabond. Il n'est pas possible d'exiger qu'il séjourne dans cette résidence d'une manière
non interrompue ni même habituelle. C'est ainsi qu'un
arrêt de la cour de Bourges a décidé que le fait de
l'inculpé de n'avoir, depuis plusieurs années, reparu
qu'à de longs intervalles dans son domicile, n'entraî-
nait pas, de sa part, l'abdication de ce domicile (arrêt
du 3 février 1831 — que la Cour de cassation a cassé
par un arrêt du 15 octobre 1831, comme ayant fait une
fausse application de l'article 271 du Code pénal, une

décision de la commission militaire qui avait condamné aux peines du vagabondage, un individu inscrit sur les contrôles de la garde nationale d'une commune.

Il n'est pas non plus nécessaire que l'habitation soit fixée dans telle demeure ; elle peut être changeante, à la condition qu'elle reste dans les limites de la même commune. Car c'est la commune où réside la personne qui est véritablement le lieu de son habitation ; de simples changements de logement ne l'empêchent pas d'avoir un domicile certain et ne le mettent pas en état de vagabondage, n'étant pas de nature à la soustraire à la surveillance et à l'action de l'autorité. Un arrêt de la Cour de cassation, du 26 pluviôse an X, a reconnu, en ce sens, qu'un inculpé qui, sans quitter une commune, loge tantôt dans une maison, tantôt dans une autre, ne doit pas être condamné comme vagabond, et nous ne saurions approuver la pratique contraire de certains tribunaux à l'égard de ces sortes de filles publiques qui, ayant une existence de hasard et recevant, pour chaque nuit, l'hospitalité qui leur est offerte par le premier venu, résident néanmoins constamment dans la même ville.

CHAPITRE V

Défaut de moyen de subsistance ou d'exercice habituel de métier ou
de profession. — Justification de l'origine des ressources. — Profession immorale et profession illicite.

Les autres éléments de fait que comprend encore
l'article 270 sont : le défaut de moyen de subsistance
et le défaut d'exercice habituel d'aucun métier ou
d'aucune profession.

Ces deux circonstances tiennent à ce principe : N'est
pas vagabond celui qui, de quelque manière légitime
que ce soit, est en état de subvenir à ses besoins. Ce
moyen de vivre peut consister dans le produit accu-
mulé d'un travail antérieur, dans un capital, dans une
rente viagère ou perpétuelle, comme il peut consister
dans le gain obtenu par un travail actuel.

Dans l'un et dans l'autre cas, le danger que présente
le manque de toute ressource, la misère jointe à l'absence de résidence, se trouve écarté ; il devient possible à l'individu d'acquérir à tout moment cette habitation. Possesseur d'une fortune ou d'un revenu, il
offre une garantie à la société. Se livrant à un travail
régulier, il y tient une place et il échappe au reproche
d'immoralité. S'il choisit une vie errante, cette existence ne constitue dès lors qu'une habitude bizarre,
elle n'est plus un sujet d'inquiétude, elle n'entraîne

plus la nécessité de commettre quelque crime ou quelque délit.

Il nous reste à déterminer quels doivent être en fait, pour remplir ces conditions, le moyen de subsistance, le métier ou la profession.

Un moyen de subsistance est la possession de ressources acquises, en argent ou en objets représentant une valeur. Pour préserver d'une façon sérieuse l'individu du besoin et, par conséquent, pour faire disparaître l'élément du délit, il est nécessaire que cette somme soit de quelque importance, que ces effets soient de quelque prix. En jugeant que « la modicité » des marchandises renfermées dans la caisse d'un » marchand colporteur ne suffit pas pour le constituer » en état de vagabondage, alors surtout que ses passe- » ports énoncent son domicile et son métier ou pro- » fession » (Arrêt du 17 janvier 1817), la Cour de cassation nous paraît avoir considéré, dans l'espèce, cette possession plutôt comme établissant l'exercice de la profession de colporteur, dont la preuve résultait encore d'autres faits. Elle n'a pas entendu, selon nous, décider, en règle absolue, que l'individu, porteur de quelques objets, quelque modique qu'en soit la valeur, ou de la somme d'argent la plus minime, devra toujours être considéré comme ayant un moyen de subsistance. Ce serait laisser à des vagabonds véritables un moyen facile d'échapper à la répression. Il est, au contraire, du devoir des tribunaux de ne pas s'arrêter à une apparence et d'apprécier les faits suivant leur véritable caractère.

Qu'une certaine valeur, propre à assurer pour quelque temps son existence, soit exhibée par un individu se trouvant dans les conditions qui constituent le vagabond et en présentant l'aspect, cela ne suffit pas encore pour faire tomber la prévention. Il faut, de plus, qu'il indique l'origine de cette valeur, qu'il justifie qu'elle est sa propriété légitime. C'est à lui de faire cette preuve ; s'il ne peut la fournir, non seulement il ne fait pas disparaître le délit de vagabondage ; si les objets dont il est porteur sont d'un prix supérieur à cent francs, l'article 278, présumant qu'ils sont le produit de quelque délit, fait de cette détention une circonstance aggravante.

L'individu peut vivre aussi d'une rente, d'une pension viagère payée soit par l'État, soit par un particulier, en vertu d'une convention ou d'un arrangement de famille ; pourvu qu'elle lui soit assurée, qu'elle soit pour lui un droit acquis, elle lui constitue un moyen de subsistance. Nous pensons qu'il en serait ainsi, quand bien même, entre ces deux échéances, ayant dépensé le montant de la première et ne pouvant toucher le montant de la seconde, il se trouverait actuellement dans un état de dénûment, car il lui serait possible, dans cette situation, de faire monnaie pour subsister, de ses arrérages à venir ou d'en offrir la garantie.

Un métier ou une profession est une occupation, un emploi des facultés physiques ou morales de l'individu dont la rémunération lui procure de quoi vivre. Il ne suffit pas qu'il soit capable d'exercer une profession ;

l'article 270 exige qu'il s'y livre en effet et habituellement. Le tribunal aura à apprécier, dans chaque
espèce, si les actes invoqués par le prévenu sont cons-
titutifs de l'habitude ; en thèse générale, elle ne résul-
tera pas de quelques heures de travail, isolées, répan-
dues dans une vie d'oisiveté ; et, par contre, si
auparavant l'individu a eu pendant longtemps une
occupation régulière, le fait d'être resté quelques jours
sans ouvrage ne la fera pas disparaître.

L'exercice de tout métier ou profession, dès qu'il
fournit à l'agent un moyen de subsistance, doit détruire la prévention. La loi ne charge le juge que de
vérifier si un métier existe, sans l'appeler à apprécier
ni sa nature, ni sa moralité. Quelque inavouable que
soit, dans le sens mondain du terme, l'occupation d'où
l'individu tire ses ressources, il peut l'invoquer, et il
faut aller jusqu'à reconnaître que le commerce honteux
dont vit une fille publique lui constitue légalement
une profession.

Mais il en serait autrement de l'exercice de faits
prévus et punis par la loi ; des ressources, ayant cette
origine, ne seraient admises ni comme profession ni
comme moyens d'existence, car un délit ne saurait être
effacé par un autre délit. L'individu, par exemple, qui
mène une vie nomade et dont toutes les ressources
proviennent de contrebande, n'échappe pas à la pénalité de l'article 271, en justifiant de la profession de
contrebandier ; il ne fait qu'ajouter, à sa charge, au
délit de vagabondage, le délit de contrebande. Cette
décision est contenue dans un arrêt de la Cour de cas-

sation du 8 mars 1877. Le nommé Contesenne, s'étant livré à la contrebande et porteur d'une somme de 300 francs acquise par ce moyen, avait été condamné pour vagabondage et contrebande par jugement du tribunal de Lunéville, confirmé par la cour d'appel de Nancy. La Cour de cassation rejeta son pourvoi par le motif que l'exercice illégal de contrebande ne pouvait être considéré comme lui constituant un métier ni une profession, ni comme étant de nature à lui procurer un moyen légitime de subsistance : « Attendu, porte » l'arrêt, que Contesenne, se livrant habituellement à » la contrebande, n'exerçait ni métier ni profession ; » que, si une somme de 300 francs a été saisie en sa » possession, cette somme dont il n'a pu justifier l'ori- « gine, ne peut être considérée comme constituant à » son profit un moyen d'existence. »

La réunion des trois éléments déterminés par la loi est nécessaire pour qu'il y ait délit de vagabondage ; la prévention ne peut être fondée sur d'autres faits que ces circonstances (arrêt de la Cour de cassation du 18 prairial an IX), et l'existence de chacune d'elles doit être formellement constatée dans le jugement (arrêt de la Cour de cassation du 14 novembre 1878).

CHAPITRE VI

Peine principale : emprisonnement. — Circonstances aggravantes
du vagabondage. — Cas où le vagabondage devient une circonstance d'un autre délit.

La peine principale du délit de vagabondage consiste
dans l'emprisonnement édicté par la première partie
de l'article 271 : « Les vagabonds ou gens sans aveu
» qui auront été légalement déclarés tels, seront, pour
» ce seul fait, punis de trois mois à six mois d'empri-
» sonnement. »

Cette peine, infligée en général pour tout délit, devait être nécessairement prononcée ici en premier lieu,
sans préjudice des mesures spéciales dont le vagabond
devra en outre être l'objet ; elle sanctionne l'incrimi-
nation de la loi, elle frappe l'immoralité inhérente au
délit.

La durée de l'emprisonnement peut être abaissée par
les juges au-dessous du minimum de trois mois, et il
peut être même changé en une amende, par l'effet des
circonstances atténuantes ; une disposition particulière
de l'article 271 le supprime entièrement, dans le cas
où le prévenu, quoique ayant agi avec discernement,
est âgé de moins de seize ans.

La peine est aggravée au contraire par certaines circonstances qui, sans former par elles-mêmes aucun

délit nouveau, donnent lieu de croire ou que le vagabond a commis antérieurement quelque délit, ou qu'il
nourrit quelque intention coupable, et permettent, par
conséquent, de le considérer comme un agent plus
nuisible et plus dangereux. Tel est le caractère des
circonstances prévues par les articles 277 et 278, dont
les dispositions sont d'ailleurs communes aux vagabonds et aux mendiants :

« Tout mendiant ou vagabond, porte l'article 277,
» qui aura été saisi travesti d'une manière quelconque
» ou porteur d'armes, bien qu'il n'en ait usé ni me-
» nacé, ou muni de limes, crochets ou autres instru-
» ments propres soit à commettre des vols ou autres
» délits, soit à lui procurer les moyens de pénétrer
» dans les maisons, sera puni de deux à cinq ans
» d'emprisonnement. »

L'article 401 du Code pénal énumère les instruments
qui doivent être regardés comme des armes : « Sont
» compris dans le mot armes, toutes machines, tous
» instruments ou ustensiles tranchants, perçants ou
» contondants. — Les couteaux ou ciseaux de poche,
» les cannes simples ne seront réputées armes qu'au-
» tant qu'il en aura été fait usage pour tuer, blesser
» ou frapper. »

Remarquons que ce second paragraphe n'est pas
applicable dans l'hypothèse de l'article 277, où il s'agit
du vagabond qui, porteur d'une arme, n'en a pas usé
ni menacé ; s'il s'en est servi, le vagabondage et le
port d'armes deviennent des circonstances de ce fait et
en font le crime prévu par l'article 279. Sont des ins-

truments contondants, les bâtons noueux, ferrés ou plombés (arrêts de la Cour de cassation du 13 août 1807 et du 9 juin 1808) ; la jurisprudence étend cette qualification même aux bâtons ordinaires, et considère le seul fait de leur possession par un vagabond comme constituant la circonstance de l'article 277, par la raison qu'à la différence de la canne dont le port peut être motivé par la nécessité de la marche, le bâton ne sert qu'à frapper (arrêts de la Cour de cassation du 19 juin 1828 et du 16 février 1832).

L'aggravation de peine est fondée sur l'intention coupable que fait présumer chez l'agent la possession de ces armes ou de ces instruments propres à commettre un délit ; il suit de là que, s'il démontre que leur destination est autre, l'article 277 ne doit plus lui être appliqué, la présomption légale doit céder à la preuve contraire. Il a été décidé dans ce sens que : « Lorsque la détention des instruments dont le prévenu » est trouvé nanti a une cause légitime, comme s'ils » sont reconnus nécessaires à l'exercice de son métier, » cette détention ne peut motiver une aggravation de » peine. » (Arrêt de la cour d'appel de Douai du 23 avril 1836). — Que « des instruments de ferrailles » dont un individu était porteur au moment où il a été » surpris en état de vagabondage et de mendicité, ont » pu être déclarés n'avoir pas le caractère aggravant » attribué par la loi aux limes et crochets spécifiés » dans l'article 277. » (Arrêt de la Cour de cassation du 3 juin 1836.)

« Tout mendiant ou vagabond, porte l'article 278,

» qui sera trouvé porteur d'un ou plusieurs effets
» d'une valeur supérieure à 100 francs, et qui ne jus-
» tifiera point d'où ils lui proviennent, sera puni de
» la peine portée par l'article 276. » Cette peine est un
emprisonnement de six mois à deux ans. Nous avons
indiqué, au chapitre précédent, l'esprit et le but de
l'article 278. Il suppose que le vagabond s'est procuré
par le vol la valeur saisie sur lui et il l'oblige, pour
démentir cette supposition, à établir que sa possession
est légitime, c'est-à-dire a une origine licite. Cette
preuve faite détruit non seulement la circonstance
aggravante, mais le délit de vagabondage lui-même.

Les articles 277 et 278 exigent que l'agent « ait été
saisi » travesti, porteur d'armes ou muni de limes,
crochets, « ait été trouvé » porteur d'effets d'une valeur
supérieure à 100 francs ; c'est donc uniquement le fla-
grant délit qu'ils punissent ; bien qu'il soit démontré
que le vagabond ait eu en sa possession des objets de
cette espèce, s'il ne les a pas sur lui au moment même
de son arrestation, il n'est pas dans les circonstances
prévues.

Les circonstances des articles 277 et 278 ne constituent pas des actes matériels, punissables par eux-
mêmes. Si le vagabond s'est rendu coupable de certains faits incriminés autre part par la loi, les articles
suivants font au contraire du vagabondage une circonstance aggravante de ces délits.

C'est ainsi que les articles 279 et 280 du Code pénal
de 1810, frappaient plus sévèrement les délits et les
crimes de violence et de coups et blessures commis

par des vagabonds. Le premier infligeait la peine de
la réclusion à tout vagabond, ayant exercé quelque
acte de violence, sans préjudice des peines plus fortes
s'il y avait lieu. Le second portait que le vagabond,
ayant encouru la peine des travaux forcés à temps,
serait en outre marqué.

L'article 280 fut supprimé par la loi du 28 avril 1832
qui abolit, d'une façon générale, la peine de la marque. L'article 279 fut modifié par la loi du 13 mai 1863.
La peine de la réclusion parut excessive, appliquée
indistinctement à des faits présentant souvent peu de
gravité. « La réclusion, observa le rapporteur de la loi
» de 1863, la cour d'assises, l'infamie pour le moindre
» acte de violence exercée par un vagabond ou un
» mendiant. Nous ne craignons pas de le dire, la péna-
» lité est trop sévère ; elle n'est pas en harmonie avec
» les peines appliquées à des faits analogues, et le plus
» souvent, elle manque son but. »

Le nouvel article 279 fut ainsi conçu : « Tout men-
» diant ou vagabond qui aura exercé ou tenté d'exer-
» cer quelque acte de violence que ce soit envers les
» personnes, sera puni d'un emprisonnement de deux
» à cinq ans, sans préjudice des peines plus fortes s'il
» y a lieu, en raison du genre et des circonstances de
» la violence. Si le mendiant ou le vagabond qui a
» exercé ou tenté d'exercer des violences, se trouvait
» en outre dans des circonstances exprimées par l'ar-
» ticle 277, il sera puni de la réclusion. » Une différence est donc faite entre les vagabonds simples et
ceux qui se trouvent dans l'un des cas de travestisse-

ment ou de port d'armes ou d'instruments, prévus par l'article 277. Le vagabond simple, coupable de violence, n'encourt encore que les peines correctionnelles ; le vagabond auquel, en raison de la circonstance aggravante où il se trouvait, le maximum de ces peines était déjà applicable, seul devient justiciable de la cour d'assises et est puni de la réclusion.

Les termes de l'article 279 sont généraux. Ils embrassent tous les actes de violence quels qu'ils soient et envers quelque personne qu'ils aient été commis, c'est-à-dire, aussi bien que les délits de coups et blessures prévus par l'article 311, les contraventions de l'article 311, les contraventions de violences légères prévues par la loi du 3 brumaire an IV, l'attaque ou résistance avec violences et voies de fait constituant le délit de rebellion, les violences et voies de fait envers les officiers ministériels et agents de la force publique. La jurisprudence s'est prononcée dans le sens de cette extension. La Cour de cassation n'a pas hésité à appliquer l'art. 279 au mendiant qui avait exercé des violences envers le commissaire de police, au moment où celui-ci procédait à son arrestation (arrêt du 12 septembre 1812). « Considérant, porte cet arrêt, que Gre-
» sools a été déclaré coupable par le jury d'avoir, le
» 4 avril 1812, dans l'état de mendiant évadé, exercé
» des violences envers le commissaire de police de
» Baveron ; que ce fait est littéralement prévu par
» l'article 279 du Code pénal, et doit conséquemment
» être puni de la peine de la réclusion que prononce
» cet article ; que néanmoins, la cour d'assises du

» département de l'Escaut n'a prononcé contre Grésools
» que des peines correctionnelles, qu'ainsi son arrêt
» doit être annulé... » Et un autre arrêt de la Cour de
cassation du 18 mai 1843, décide de même que l'aggravation de peine doit être infligée à l'individu en
état de mendicité et de vagabondage, qui s'est livré à
des voies de fait sur un garde champêtre.

Observons encore cette particularité qu'offre la rédaction de l'article 279 : il érige en délit principal, si
elle est commise par un vagabond ou mendiant, la
tentative de coups et de violences qui, en général, ainsi
que toute tentative autre que celle de crime ou de vol,
n'est pas réprimée.

L'article 281 envisage, dans un autre genre de délits,
comme une circonstance aggravante, la qualité de mendiant ou de vagabond de leurs auteurs : « Les peines
» établies par le présent Code contre les individus por-
» teurs de faux certificats, faux passeports ou fausses
» feuilles de routes, seront toujours, dans leurs espèces,
» portées au maximum, quand elles seront appliquées
» à des vagabonds ou à des mendiants. » Ces peines
sont édictées par les articles 153 et suivants. Mais ils
ne punissent que la fabrication et l'usage, et non le
seul port de ces pièces. Comme l'article 281 ne peut pas
être entendu comme établissant un délit nouveau, il
faut dire qu'en employant les mots de « porteurs de
» faux certificats, faux passeports, fausses feuilles de
» route », il s'est servi d'une expression inexacte, et ne
concerne réellement que les vagabonds et les mendiants
qui les ont fabriqués ou en ont fait usage (arrêts de la
Cour de cassation du 26 juin et du 24 novembre 1838).

CHAPITRE VII

Peine accessoire. — Mise à la disposition du Gouvernement. — Surveillance de la haute police. — Application de l'article 463. — Excès de pouvoir.

Châtier sa faute, en infligeant au vagabond un emprisonnement: ce n'est pas tout l'objet de la répression. Le législateur sent qu'il doit surtout s'efforcer d'arracher le vagabond aux habitudes vicieuses qui ont constitué son délit et de préserver la société de ce danger, en le déterminant à adopter un autre genre de vie, à s'accoutumer au travail régulier et aux mœurs honnêtes.

Dans ce but, l'article 271, du Code pénal de 1810, portait, dans sa deuxième partie, que « les vagabonds » demeureraient, après avoir subi leur peine, à la dis- » position du Gouvernement, pendant le temps qu'il » déterminerait, eu égard à leur conduite. »

La pensée du rédacteur du Code était de permettre, par cette disposition, au Gouvernement d'exercer une influence morale sur les condamnés et d'user, pour y parvenir, des moyens d'action qui lui paraîtraient les plus convenables: emploi à certains travaux, obligation d'une existence sédentaire et laborieuse, placement dans des colonies intérieures ou extérieures, apprentissage d'un métier qui leur fournît le moyen de vivre, alors qu'ils seraient rendus à la liberté.

Mais ce pouvoir, conféré à l'administration, avait le tort de n'être pas suffisamment défini, de n'être soumis à aucune réglementation. Son caractère discrétionnaire et exorbitant, et quelques abus, frappèrent le législateur de 1832. « Nous n'avons pas conservé, dé-
» clara le rapport de la commission de la Chambre des
» pairs, la mise à la disposition du Gouvernement,
» peine indéfinie et arbitraire qui ne peut plus,
» aujourd'hui, être maintenue dans le Code. Vainement
» on en chercherait, dans nos lois, la définition et le
» terme de ce servage n'est fixé nulle part. Nous
» avons cru devoir remplacer une peine si exorbi-
» tante. » Pour effacer ce vice, tout en conservant ce qu'il y avait d'utile dans la disposition du Code pénal de 1810, M. Charles Lecomte proposa d'enfermer les condamnés pour vagabondage, à l'expiration de leur peine, dans une maison de travail, pendant un temps fixé par le jugement ou l'arrêt de condamnation. Cet amendement fut rejeté par la Chambre des pairs, mais il passa, plus tard, dans le décret du 17 avril 1848, relatif aux colonies, dont la disposition principale est ainsi conçue: « Dans les colonies où l'esclavage est
» aboli, les mendiants et vagabonds seront mis à la
» disposition du Gouvernement pour un temps déter-
» miné, dans les limites de trois à six mois, suivant la
» gravité des cas. Ils seront, durant ce temps, em-
» ployés, au profit de l'État, à des travaux publics dans
» des ateliers de discipline dont l'organisation et le
» régime seront réglés par un arrêté du ministre. Les
» condamnés pourront être renfermés dans ces ateliers

» ou conduits au dehors pour l'exécution des travaux,
» sous la garde des agents de la force publique. »

Le législateur de 1832 préféra supprimer entièrement la mise à la disposition du Gouvernement et donna cette nouvelle rédaction au second paragraphe de l'article 271: « Ils seront renvoyés, après avoir subi » leur peine, sous la surveillance de la haute police » pendant cinq ans au moins et dix ans au plus. »

C'est donc la surveillance de la haute police qui est appliquée aujourd'hui, comme peine accessoire, aux vagabonds ainsi qu'aux récidivistes.

Les termes de l'article 271 « seront renvoyés », sont des plus impératifs. Faut-il conclure de là que les juges ne peuvent pas, usant de la faculté d'accorder les circonstances atténuantes établies par l'article 473, réduire au-dessous du minimum de cinq ans, la durée de la surveillance ou s'abstenir entièrement de la prononcer ?

La même question se pose au sujet des récidivistes mis sous la surveillance de la haute police par les articles 57 et 58, qui sont conçus exactement de la même façon que l'article 271. La Cour de cassation avait d'abord refusé aux tribunaux la faculté de leur diminuer ou de leur remettre cette peine accessoire, se fondant sur ce que « le dernier paragraphe de l'ar- » ticle 463 qui autorise les tribunaux correctionnels à » réduire, même en cas de récidive, les peines de » l'emprisonnement et de l'amende, n'étend pas » cette faculté à la mise en surveillance. » (Arrêt du 8 mars 1833). Mais la Cour de cassation revint sur

cette première solution et reconnut dans l'arrêt, toutes chambres réunies, du 2 janvier 1836, que « les tribu-
» naux étant autorisés par l'article 463, même en cas
» de récidive, à réduire la peine correctionnelle et
» même à lui substituer une peine de simple police,
» étant investis, par là, du droit non seulement de
» modérer la peine de l'emprisonnement, mais même
» de la retrancher, peuvent, à plus forte raison, se
» dispenser de prononcer la peine de la surveillance. »

La jurisprudence s'est, depuis, prononcée constamment dans ce sens.

Ne semble-t-il pas que cette solution eût dû, dès lors, être admise également à l'égard des vagabonds mis sous la surveillance de la haute police, les raisons de décider étant absolument semblables, dans le cas de l'article 271 et dans celui des articles 57 et 58?

Cependant deux arrêts de la Cour de cassation du 11 août 1837 et du 8 janvier 1838, décidèrent encore que, dans le premier cas, le condamné ne peut être affranchi de la surveillance. Ils invoquaient la rédaction de l'article 271, dont les termes absolus leur paraissaient ne pas laisser au juge cette latitude et, en outre, le caractère spécial du délit de vagabondage. « Il résulte de l'exposé des motifs concernant ce délit,
» portait l'arrêt du 11 août 1837, que le législateur n'a
» pas voulu, qu'après avoir subi l'emprisonnement
» dont il se rend punissable, l'individu légalement
» déclaré vagabond pût être remplacé purement et
» simplement dans la société; qu'en obligeant impé-
» rativement les tribunaux à le mettre, dans tous les

» cas, sous la surveillance de la haute police, la loi le
» considère, par le seul fait de sa condamnation,
» comme s'il n'était pas membre de la cité et ne voit
» en lui, qu'un être essentiellement dangereux et
» nuisible pour elle; que cette peine doit donc tou-
» jours lui être appliquée à ce titre, de quelques cir-
» constances atténuantes que le fait de la condamna-
» tion principale se trouve environné, par la triple
» raison qu'elle est de sa nature préventive, spéciale
» et d'ordre public. »

Ces motifs étaient peu solides.

D'une part, l'argument tiré de l'exposé des motifs était détruit par cette observation que cet exposé était donné par le législateur de 1810, dans le but de justifier la mesure extraordinaire de la mise à la disposition du Gouvernement, édictée alors par le Code pénal. La surveillance de la haute police, que la loi du 18 avril 1832 a substituée à cette mesure, est d'un tout autre caractère: elle ne constitue plus une disposition spéciale concernant seulement les condamnés vagabonds, elle n'est que la peine accessoire infligée d'une façon générale aux condamnés les plus dangereux; elle n'est que temporaire; le législateur ne songe donc plus à rejeter le vagabond de la cité, ni à obliger les juges qui le déclarent coupable, à admettre sa perversité comme un fait invariable; il leur laisse, par conséquent, la faculté d'apprécier sa moralité et de graduer les peines qu'ils prononcent, suivant la gravité du danger dont il menace la société. Cette raison, que la peine de la surveillance est « préventive, spéciale et d'ordre

« public » n'a rien de particulier aux vagabonds ; la
surveillance est bien de cette nature dans son application aux récidivistes voleurs de profession. Dans ces
deux hypothèses, la société est bien aussi intéressée à
surveiller la conduite du condamné, à ne pas perdre
sa trace et, néanmoins, cette peine peut lui être
remise.

D'autre part, si l'article 271 s'exprime d'une manière générale et impérative, cette forme est celle de
toutes les dispositions légales édictant certaines peines ;
les articles 57 et 58 sont conçus dans des termes iden-
tiques. Mais l'article 463 domine toutes ces dispositions, alors même qu'elles ne l'ont pas expressément
réservé, il embrasse tout le Code, établit un système
nouveau de fixation de toute la pénalité.

Cette manière de voir a bientôt été adoptée par la
Cour de cassation et elle a admis, par ses arrêts du 26
avril 1839, du 13 septembre 1851, du 9 septembre
1853 « que l'article 463 qui établit, pour les tribu-
» naux, la faculté de déclarer des circonstances atté-
» nuantes et qui détermine les conséquences de cette
» déclaration, est général dans ses dispositions et s'ap-
» plique à tous les crimes et délits prévus par le Code
» pénal et à toutes les peines qu'il prononce ; que la
» mise en surveillance est une peine et a été qualifiée
» telle par l'article 11, d'où il suit qu'en cas de cir-
» constances atténuantes, les tribunaux ont la faculté,
» vis-à-vis des individus convaincus de vagabondage,
» comme de ceux convaincus de tous autres délits, de
» réduire la surveillance au-dessous du minimum fixé

» par l'article 271 et même d'en dispenser complète-
» ment le condamné et d'abaisser la condamnation à
» des peines de simple police, d'après la teneur de
» l'article 463 ; qu'aucune disposition légale n'excepte
» de l'application de cet article, les condamnations
» prononcées contre les vagabonds, en vertu de l'ar-
» ticle 271. »

Il est évident que la surveillance de la haute police,
étant une peine, ne peut être appliquée qu'à la suite
d'un jugement de condamnation, et nous n'aurions pas
à insister sur ce principe s'il n'avait été méconnu par
quelques tribunaux qui ont cru pouvoir, après avoir
renvoyé des poursuites les inculpés de vagabondage,
leur prescrire de se rendre dans une commune déterminée, en ajoutant qu'il leur serait délivré un extrait de
jugement pour leur servir de passeport. L'arrêt de la
Cour de cassation, du 23 juillet 1836, a fait justice de
cet abus. « Une pareille décision contiendrait, observa
» M. le procureur général Dupin, un double excès de
» pouvoir; en premier lieu, la mission du tribunal qui
» avait prononcé l'acquittement du prévenu se trou-
» vait terminée et il ne pouvait lui appartenir de pres-
» crire à cet individu, pas plus qu'à tout autre citoyen,
» de se rendre dans une commune qu'il déterminait.
» En second lieu, la délivrance des passeports étant
» une mesure purement administrative qui est com-
» plètement étrangère à l'autorité judiciaire, le tribu-
» nal était sans droit pour délivrer un passeport ou
» toute autre pièce devant en tenir lieu. »

Cette autre règle : qu'il n'appartient pas aux tribunaux de statuer sur le mode d'exécution de la peine de surveillance qu'ils prononcent, par exemple, de déterminer le lieu de résidence des condamnés ou de charger le ministère public de veiller à leur translation, également violée dans certains jugements, a aussi été rétablie par les arrêts de la Cour de cassation du 9 septembre 1826, du 7 juillet 1827, du 10 mars 1831.

CHAPITRE VIII

Mesure administrative: Droit conféré au Gouvernement, d'expulser du territoire français, les vagabonds étrangers. — Loi du 3 décembre 1849. — Infraction à l'arrêté d'expulsion.

« Les individus déclarés vagabonds par jugement,
» dispose l'article 272, pourront, s'ils sont étrangers,
» être conduits par les ordres du Gouvernement, hors
» du territoire du royaume. »

Cet article n'établit pas une peine spéciale contre les étrangers reconnus coupables de vagabondage et il ne faudrait pas voir, dans l'expulsion du territoire français, une mesure destinée à remplacer, à leur égard, les peines de l'emprisonnement et de la surveillance de la haute police. L'article 272 complète, au contraire, l'article 271: soumis par le fait de leur séjour en France, tout comme les nationaux, aux lois de police et de sûreté, les étrangers sont passibles, s'ils sont surpris en état de vagabondage, des mêmes peines; après les avoir subies, ils sont exposés, de plus, en raison de leur extranéité, à être conduits hors du territoire: car une nation peut bien refuser de conserver en elle ces agents dangereux venus du dehors.

Ce n'est pas, d'ailleurs, seulement envers les condamnés vagabonds que le Gouvernement à la faculté de prendre cette mesure. Déjà la loi du 28 vendémiaire

an VI, concernant les passeports, lui conférait le droit
d'expulser tout étranger dont la présence lui parais-
sait de nature à troubler la tranquillité publique.
« Tous étrangers, voyageant dans l'intérieur de la Ré-
» publique ou y résidant, portait l'article 7 de cette
» loi, sans avoir une mission des puissances neutres
» ou amies reconnues par le Gouvernement français,
» ou sans y avoir acquis le titre de citoyen, sont mis
» sous la surveillance spéciale du directoire exécutif,
» qui pourra leur retirer leurs passeports et leur
» enjoindre de sortir du territoire français, s'il juge
» leur présence susceptible de troubler l'ordre et la
» tranquillité publique. » De plus, la loi du 21 avril
1832, relative aux réfugiés étrangers, porta que le
Gouvernement pourrait leur enjoindre de quitter le
royaume, s'ils ne s'étaient pas rendus à leur destination ou s'ils devenaient, par leurs agissements, un élément de trouble et de désordre.

Mais ces dispositions, ainsi que celles de l'article
272, étaient dépourvues de sanction. Il est facile à
l'expulsé de revenir bientôt sur le territoire. Dans le
cas où il se trouvait placé sous la surveillance de la
haute police, la jurisprudence considérait son retour
en France, où le séjour lui avait été interdit comme
constituant une infraction à son ban et les tribunaux
lui appliquaient l'article 45 du Code pénal. Mais, si la
peine de la surveillance n'avait pas été prononcée
contre lui ou si cette peine avait pris fin, il ne pouvait
qu'être conduit de nouveau à la frontière.

La lacune que présentait ainsi cette législation a été

remplie par la loi du 3 décembre 1849. L'article 7 de cette loi autorise le ministre de l'intérieur et les préfets, dans certains cas, à ordonner l'expulsion de tout individu étranger. « Le ministre de l'intérieur pourra,
» par mesure de police, enjoindre à tout étranger
» voyageant ou résidant en France, de sortir immé-
» diatement du territoire français et le faire recon-
» duire à la frontière. Il y aura le même droit vis-à-vis
» de l'étranger qui aura obtenu l'autorisation d'établir
» son domicile en France ; mais, après un délai de
» deux mois, la mesure cessera d'avoir son effet, si
» l'autorisation n'a pas été révoquée suivant la forme
» indiquée par l'article 3. Dans les départements fron-
» tières, le préfet aura le même droit à l'égard de
» l'étranger non résidant, à la charge d'en référer im-
» médiatement au ministre de l'intérieur. » L'article 8
punit l'infraction à ces arrêts : « Tout étranger qui se
» serait soustrait à l'exécution des mesures énoncées
» dans l'article précédent ou dans l'article 272 du Code
» pénal ou qui, après être sorti de France par suite de
» ces mesures, y sera rentré, sera traduit devant les
» tribunaux et condamné à un emprisonnement d'un
» mois à six mois. » L'article 9 porte que la peine peut
être réduite par l'application de l'article 463.

L'article 8 de la loi du 3 décembre 1849, établit la sanction de toute mesure d'expulsion. Il prévoit expressément le cas de l'article 272. C'est donc sa disposition qui doit être appliquée, toutes les fois que l'étranger, condamné pour vagabondage, est rentré en France après en avoir été expulsé ; se trouvât-il

sous la surveillance de la haute police, les juges n'auraient plus, dès lors, à recourir à l'article 45 du Code pénal et à lui infliger la peine de la rupture de ban. Ce changement se trouve clairement exposé dans les motifs de l'arrêt de la Cour de cassation du 27 mars 1852 qui est ainsi conçu : « La Cour, — attendu que la
» loi du 3 décembre 1849, après avoir, dans son ar
» ticle 7, attribué au ministre de l'intérieur le droit
» d'enjoindre à tout étranger voyageant ou résidant
» en France, de sortir immédiatement du territoire
» français et de le faire conduire à la frontière, dispose,
» article 8, que tout étranger qui se serait soustrait à
» l'exécution des mesures énoncées dans l'article pré
» cédent ou dans l'article 272 du Code pénal, ou qui,
» après être sorti de France par suite de ces mesures,
» y serait rentré sans la permission du Gouvernement,
» sera traduit devant les tribunaux et puni d'un em
» prisonnement d'un mois à six mois ; attendu que
» l'article 272 du Code pénal est relatif aux étrangers
» devenus vagabonds par jugement et que le Gouver
» nement peut faire conduire hors du territoire fran
» çais ; attendu que, si, antérieurement à la loi du 3
» décembre 1849, il était établi, par une jurisprudence
» constante, que la sanction pénale de l'article 272
» précité, se trouvait dans l'article 45, qui punit d'un
» emprisonnement ne pouvant excéder cinq ans, la
» désobéissance aux mesures que le Gouvernement
» est autorisé à prendre envers les individus placés
» sous la surveillance de la haute police, sans distinc
» tion entre les Français et les étrangers, il n'en peut

» être de même, aujourd'hui, en présence de l'article 8
» de la loi du 3 décembre 1849 qui prononce une
» peine spéciale pour l'infraction à l'article 272 du
» Code pénal; attendu que la cour de Metz, en con-
» damnant la prévenue à six mois de prison, en vertu
» de l'article 8 de la loi du 3 décembre 1849, a fait
» une saine application de cet article, — Rejette. »

La mesure d'expulsion constitue une mesure de police administrative. De même que la loi de 1849 attribue au ministre de l'intérieur et aux préfets le droit
d'enjoindre à tout étranger de quitter le territoire
français et de le faire conduire à la frontière, l'article
272 dispose que les vagabonds étrangers pourront être
conduits hors du territoire « par les ordres du Gouvernement. »

Il n'entre donc pas dans les attributions de l'autorité
judiciaire d'apprécier l'opportunité de cette mesure ni
d'en assurer l'application. Son rôle est fini quand elle
a déclaré l'existence du vagabondage et infligé au prévenu les peines édictées par l'article 271. Cette règle
a été consacrée par plusieurs arrêts de la Cour de cassation du 9 septembre 1826, du 6 décembre 1832, du
15 juin 1837. « Aux termes de l'article 272 du Code
» pénal, a dit le procureur général, dans un réquisi-
» toire dont les motifs ont été adoptés par ce dernier
» arrêt, le renvoi des vagabonds étrangers hors du
» royaume est une mesure exclusivement administra-
» tive. Le Gouvernement est seul juge de la nécessité
» de cette mesure et seul chargé de son exécution
» lorsqu'il la croit convenable. Les tribunaux ne peu-

» rent donc, sans excéder la limite de leurs attribu-
» tions, s'immiscer dans cette appréciation et prescrire
» eux-mêmes, par leur jugement, l'expulsion du va-
» gabond condamné. »

A plus forte raison, l'ordonnance du juge d'instruction ne pourrait-elle prescrire l'expulsion de l'étranger
inculpé de vagabondage. De pareilles décisions, éma-
nées de chambres du conseil qui, antérieurement à la
loi du 17 juillet 1856, avaient à prononcer sur la prévention, dénoncées à la Cour de cassation, ont été an-
nulées par les arrêts des 7 juillet 1827 et 6 décembre
1832. « Elles étaient évidemment contraires aux plus
» simples notions du droit criminel. La chambre du
» conseil avait empiété à la fois sur les attributions du
» tribunal correctionnel, auquel seul il appartient de
» statuer définitivement et d'appliquer la peine, et sur
» celles du pouvoir exécutif, le renvoi à la frontière
» étant une mesure essentiellement administrative. »
(Réquisitoire de M le procureur général Dupin.)

CHAPITRE IX

Diminution ou remise de peine. — Mineurs de 16 ans. — Réclamation du condamné par le conseil municipal de sa commune d'origine. — Cautionnement offert par un citoyen solvable.

L'article 271 du Code pénal de 1810 punissait des mêmes peines tout individu reconnu vagabond. Dans le cas seulement où le prévenu, âgé de moins de seize ans, avait agi sans discernement, il devait être absous, en vertu de l'article 66 ; mais, sauf un abaissement du maximum, toute la pénalité était applicable au mineur qui était jugé responsable de ses actes.

Le législateur de 1832 a considéré que, même dans cette hypothèse, le mineur est moins coupable qu'un majeur, que l'état où il est trouvé a pour cause moins la perversité de son caractère qu'un manque de surveillance et de soins à son égard, et il a ajouté à l'article 271 ce troisième paragraphe : « Néanmoins, les » vagabonds âgés de moins de seize ans ne pourront » être condamnés à la peine de l'emprisonnement; » mais, sur la preuve des faits de vagabondage, ils » seront renvoyés sous la surveillance de la haute » police jusqu'à l'âge de vingt ans accomplis, à moins » qu'avant cet âge ils n'aient contracté un engagement » régulier dans les armées de terre ou de mer. »

L'origine de cette disposition est un amendement

présenté à la Chambre des députés par M. Charles Comte, qui proposait de mettre les mineurs de seize ans, convaincus de vagabondage, à la disposition du gouvernement pour un temps de six mois à cinq ans, et de lui attribuer sur eux, pour le même temps, l'autorité attachée à la puissance paternelle. Ce projet fut adopté par la commission, mais avec une modification : transporter au gouvernement la puissance paternelle, lui parut exhorbitant ; elle craignit de violer les droits de la famille, et elle s'arrêta à cette proposition : exempter les mineurs de seize ans de la peine de l'emprisonnement, et les mettre seulement à la disposition du gouvernement. Cette dernière mesure fut, pour les raisons que nous avons indiquées, d'une manière générale, repoussée par la Chambre des pairs et remplacée, dans la loi du 28 avril 1832, par la mise sous la surveillance de la haute police.

La nouvelle disposition de l'article 271 ne nous paraît aucunement faire obstacle à l'application de l'article 66 : si le vagabond, âgé de moins de seize ans, n'est en rien coupable, s'il ne peut être considéré comme ayant agi avec discernement, les juges doivent le renvoyer des poursuites et décider qu'il sera remis à ses parents ou conduit dans une maison de correction. L'article 66 établit, d'une manière absolue, cette règle, d'ailleurs conforme aux principes rationnels du droit : le mineur de seize ans, quelque fait criminel qu'il ait commis, s'il a agi sans discernement, ne peut être frappé d'aucune peine. La surveillance de la haute police est classée par le Code pénal parmi les peines ;

il en résulte qu'elle ne doit être prononcée contre le mineur de seize ans qu'autant qu'il a agi avec discernement.

Cette doctrine est contenue dans cet arrêt de la Cour de cassation du 12 août 1843 : « La Cour, — attendu » que l'article 66 du Code pénal renferme en faveur » des mineurs de seize ans des dispositions générales » et absolues ; attendu que le troisième paragraphe de » l'article 271 du Code pénal qui affranchit les vaga- » bonds âgés de moins de seize ans de l'emprisonne- » ment et qui veut que, sur la preuve des faits de va- » gabondage, ils soient renvoyés sous la surveillance » de la haute police, n'a point eu pour but d'empêcher » les tribunaux d'examiner la question de discerne- » ment et de refuser aux enfants qui ont agi sans dis- » cernement le bénéfice de la correction paternelle ou » du renvoi dans une maison de correction pour y ap- » prendre un état ; que le premier alinéa de l'article » 271 ne s'applique qu'aux vagabonds déclarés tels ; » que la surveilance de la haute police est une peine » qui ne peut être appliquée qu'aux mineurs de moins » de seize ans qui ont agi avec discernement ; attendu » que l'arrêt attaqué n'a fait que se conformer à ces » principes et n'a point violé l'article 271 du Code » pénal, dont le troisième paragraphe n'a rien d'in- » compatible avec l'article 66 du même Code ; par ces » motifs, — rejette. »

Un autre arrêt du 28 avril 1852, rendu dans le même sens, conclut qu'il ne suffit pas, pour justifier l'appli- cation du troisième paragraphe de l'article 271, de constater que le vagabond est âgé de moins de seize ans, mais qu'il y a lieu d'examiner en outre s'il a agi avec ou sans discernement, puisque, dans le second cas, il devrait être absous.

Au lieu que la circonstance de la minorité de l'individu prévenu de vagabondage influe sur le jugement même, deux autres circonstances de nature à offrir une garantie à la société, à écarter pour l'avenir le danger que lui a fait courir le délit, font obtenir au vagabond condamné la remise des peines prononcées contre lui.

La loi du 24 vendémiaire an II disposait que le mendiant serait élargi, dans le cas où un citoyen se porterait caution de sa conduite. « Tout citoyen qui » consignera entre les mains du receveur du district » une somme de cent livres pour répondre de la con- » duite ultérieure d'un mendiant détenu sans causes » aggravantes, pourra obtenir son élargissement en » s'adressant au tribunal compétent. » Le Code pénal ajoute à cette circonstance celle de réclamation du condamné par le conseil municipal de sa commune d'origine ; il substitue pour la réception de la caution ou l'agrément de la réclamation le pouvoir adminis- tratif au pouvoir judiciaire, et il dispose non plus à l'égard du mendiant, mais du vagabond. « Les vaga- » bonds nés en France, porte l'article 273, pourront, » après un jugement même passé en force de chose » jugée, être réclamés par délibération du conseil mu- » nicipal de la commune où ils sont nés ou cautionnés » par un citoyen solvable. — Si le gouvernement ac- » cueille la réclamation ou agrée la caution, les indi-

» vidus ainsi réclamés ou cautionnés seront, par ses
» ordres, renvoyés ou conduits dans la commune qui
» les a réclamés ou dans celle qui leur sera assignée
» pour résidence, sur la demande de la caution. »

Le bénéfice établi par l'article 273 a le caractère
d'une mesure gracieuse ; cet article arrête l'exécution
de la peine, mais sans toucher à la culpabilité ; de plus,
son texte même confère expressément « au gouvernement » la faculté d'accueillir la demande d'une commune ou d'un particulier. C'est donc au pouvoir admi-
nistratif qu'il appartient d'examiner la réclamation ou
l'offre de cautionnement, et de décider si l'intérêt
public permet de les admettre. Les tribunaux ne sont
pas compétents pour résoudre cette question.

Ce même caractère de remise de peine que présente
la disposition de l'article 272 et ces termes dans lesquels il est conçu : « Les vagabonds pourront, après
un jugement, » supposent nécessairement que la condamnation a été prononcée. Le vagabond en état de
prévention ne pourrait donc pas invoquer le bénéfice
de la réclamation ou du cautionnement. Sur quel titre
l'administration se fonderait-elle pour faire conduire
dans une commune ou placer sous la garantie d'une
caution un individu qui serait encore réputé n'avoir
commis aucun délit? Il faut nécessairement, pour
qu'elle ait le droit de prendre de telles mesures, qu'il
ait été l'objet d'un jugement de condamnation, autrement il ne serait même pas légalement vagabond.

La Cour de cassation a prononcé sur ces deux points
par un même arrêt du 10 janvier 1852. La cour de la

Martinique avait accepté le cautionnement offert par un particulier, et, considérant que le vagabondage avait dès lors cessé, avait ordonné la mise en liberté du prévenu. La Cour de cassation annule cette décision par ces motifs : « Que l'état de vagabondage du nommé » Louis a été reconnu constant par l'arrêt attaqué, le- » quel déclare que cet état cesse par l'acceptation de » la proposition faite par le sieur Duroulange, de rece- » voir dans son domicile ledit prévenu ; que, l'état de » vagabondage étant reconnu constant, la cour de la » Martinique ne pouvait se dispenser d'appliquer, » pour la répression de ce délit, la disposition de l'ar- » ticle 1er de la loi du 27 avril 1848 ; qu'il n'appartient » qu'au gouvernement, à la disposition duquel les » vagabonds doivent être mis, d'après cet article, » d'examiner s'il y a lieu d'accueillir les réclamations » ou les offres faites par les communes ou les particu- » liers en leur faveur. »

L'article 273 ne soumet à aucune condition de forme la réclamation par délibération du conseil municipal. Il ne détermine non plus ni la nature, ni le taux du cautionnement ; il exige seulement qu'il soit offert « par un citoyen solvable ; » d'où il résulte qu'un ver- sement en espèces n'est pas nécessaire. La caution en- court forcément certains risques : elle répond de la bonne conduite ultérieure du vagabond et de son sé- jour dans la résidence qu'elle-même a demandée pour lui.

L'effet des deux mesures est de faire cesser absolu- ment toutes les conséquences du jugement, de libérer

le condamné de la peine et de lui restituer tous ses
droits. Ces mots de l'article 273 : « Les vagabonds se-
» ront conduits dans la commune qui leur sera assi-
» gnée comme résidence, » ne peuvent donc pas vou-
loir dire que cette commune leur est imposée dès lors
comme une résidence obligée dont il ne leur serait
permis de s'éloigner qu'avec une autorisation. Cette
interprétation serait démentie encore par les observations présentées à ce sujet, lors de la discussion du
Code, par la commission du Corps législatif. « Si un
» vagabond, né en France, est cautionné et sa caution
» admise, il paraît que cette caution ne saurait être
» étrangère aux mesures de précaution publique qui
» seraient prises contre cet individu : personne n'a
» plus d'intérêt qu'elle à surveiller sa conduite. Mais,
» s'il est renvoyé dans un lieu éloigné de sa caution,
» elle ne pourra plus exercer de surveillance, elle sera
» exposée à être compromise sans cesse ; le cautionné
» pourra se livrer à des délits que la caution aurait eu
» la possibilité de prévenir, s'il avait été sous ses
» yeux ; elle aurait pu même le rendre meilleur par
» ses représentations ou par le travail qu'il lui aurait
» procuré. La commission estime donc qu'il y aurait
» lieu d'ajouter à la fin de l'article ces mots : « D'après
» la demande de la caution. » D'ailleurs, aux termes
» de l'article 44, si le cautionnement est fourni, le
» cautionné rentre dans la classe des autres citoyens ;
» si le cautionnement est agréé, il ne paraît pas que
» ce soit le cas de la mise à la disposition du gouver-
» nement, et il suffit que le condamné soit renvoyé

» dans sa commune, en cas de réclamation admise,
» ou dans celle qu'il a indiquée sur la demande de sa
» caution. » Il se trouve donc dans cette commune
sous la responsabilité matérielle du citoyen qui l'a
cautionné ou sous la responsabilité morale du conseil
municipal qui l'a réclamé. Mais, bien qu'il vienne à
abuser de la liberté qui lui a été rendue, il ne peut
être dépouillé du bénéfice qui lui a été accordé, il ne
peut être repris en vertu d'une condamnation qui est
censée exécutée.

CHAPITRE X

Il ne nous suffit pas d'avoir exposé le système de législation pratiqué contre le vagabondage. Il nous reste à apprécier ce système, pour cela, à examiner d'abord quel est l'effet que produit son application.

La statistique nous fournit ce résultat de la lutte engagée entre la répression et la criminalité, entre la société et le vice qui la menace.

Si nous consultons, au point de vue de l'objet de notre étude, les comptes généraux de l'administration de la justice criminelle en France, ce premier fait nous frappe : l'augmentation d'année en année du nombre des condamnations pour vagabondage :

Il était de 4,661 en 1856.
Il est de 5,411 en 1862.
Il est de 8,703 en 1869.
Il est de 9,732 en 1872.
Il est de 10,211 en 1879.

Il a doublé dans l'espace de 23 ans, ét M. le Garde des Sceaux s'exprime ainsi à cet égard, dans son rapport à M. le Président de la République pour l'année

1879 : « Le fait le plus saillant que met en relief ce
» tableau, c'est l'accroissement du nombre des affaires
» de vagabondage et de mendicité ».

Un autre fait non moins remarquable est l'élévation
et la progression encore plus rapide du chiffre des prévenus de vagabondage récidivistes, c'est-à-dire condamnés antérieurement soit pour ce délit, soit pour
quelque autre ou pour crime.

De 4,079 en 1862, il est monté à 6,909 en 1869, à
6,987, en 1872, enfin à 7,527 en 1879. Le nombre total
des prévenus de vagabondage étant, pour cette dernière
année, de 10,639, c'est une proportion de 70 pour cent,
tandis que sur les 167,147 prévenus en général, il y
a 70,555 récidivistes, soit 41 pour cent. Près des trois
quarts des individus qui comparaissent comme vagabonds devant les tribunaux correctionnels, se sont
donc déjà signalés par leurs méfaits, ont été soumis
à l'action de la répression, ont subi ces mêmes peines
que la loi applique au vagabondage ou quelqu'une
d'entre elles.

Tels sont les faits qui résultent de la statistique
générale ; mais ces renseignements, les seuls qu'elle
contienne, sont encore incomplets.

Le chiffre de vagabonds qu'elle donne est bien infé-
rieur au chiffre véritable. De nombreux vagabonds
condamnés en même temps que pour ce délit, pour un
autre fait entraînant une peine plus grave, sont portés
au compte général, dans la colonne relative à ce dernier.

Il serait utile, d'autre part, de rechercher quelle a

été la cause des condamnations subies antérieurement par les vagabonds récidivistes.

Sur ces deux points, nos observations doivent se borner au ressort du tribunal de Remiremont.

Pendant l'année 1880, quarante individus ont été condamnés pour vagabondage par le tribunal correctionnel de Remirement, 18 seulement sont mentionnés comme tels sur le compte général; 22 ont été condamnés par le même jugement pour un autre délit frappé de peines plus fortes Il résulte de là que le chiffre des condamnations pour vagabondage que nous avons relevé sur la statistique générale, peut, sans crainte d'exagération, être porté au double; que les tribunaux prononcent annuellement environ 20,000 de ces condamnations, c'est-à-dire que ce délit doit aujourd'hui être compté parmi les plus fréquents. Il s'ensuit encore que plus de la moitié des vagabonds ont commis, à une époque voisine de celle de leur arrestation, quelque fait plus grave réprimé plus sévèrement que le vagabondage lui-même.

Des 40 condamnés, 33 étaient récidivistes, 26 avaient été condamnés déjà pour vagabondage : les autres condamnations antérieures avaient été motivées surtout par le vol et par la mendicité, genres de délit les plus habituels aux vagabonds. La plupart ont donc été repris pour le même mode d'existence dont ils avaient été précédemment punis, dont les peines qu'ils avaient subies ne les avaient pas corrigés.

Si nous groupons tous ces chiffres et les indications qui en résultent, cet examen nous révèle cette situation :

Il existe, sur le territoire français, une population vague de milliers de vagabonds rebelles à toute règle sociale, qui vivent aux dépens d'autrui, qui commettent une grande partie des délits. Leur nombre augmente rapidement d'année en année, il y a là certainement un péril pour la sécurité publique. — Les peines qui leur sont infligées par le Code pénal ne paraissent pas avoir d'effet sur eux : après qu'elles leur ont été appliquées déjà une ou plusieurs fois, ils persistent néanmoins dans leur manière de vivre et ne craignent pas de s'exposer à les encourir de nouveau.

M. Joseph Reinach, dans ses études sur les récidivistes, attribue cet état de choses au vice de notre législation, qui laisse les tribunaux désarmés contre ces récidives croissantes du vagabondage : « Ces
» délinquants sont si obstinés, ils semblent tellement
» incorrigibles, les moyens de répression accordés à
» la justice sont si insuffisants ou vont même telle-
» ment contre leur but, que, de guerre lasse, au lieu
» d'augmenter les peines avec les condamnations, les
» magistrats les diminuent. La loi est reconnue
» impuissante. Le rapport de la cour de Rennes cite
» un vagabond jugé dans son ressort qui en était à sa
» quarante-huitième condamnation à l'emprisonne-
» ment, et la cour d'Aix mentionne un individu de
» cinquante ans qui avait subi, rien que pour vaga-
» bondage, cent vingt-neuf mois de prison. Tel men-
» diant de vingt-cinq ans a été conduit quarante-cinq
» fois au dépôt de la préfecture de police. Tel autre
» vagabond fameux a passé une véritable inspection

» des prisons de France : il a été détenu dans toutes
» nos maisons d'arrêt, sans exception. Devant de
» pareilles ténacités, comment s'étonner que la justice
» se soit avouée vaincue? Elle ne prononce plus que
» des condamnations dérisoires. Sur 2,889 récidivistes
» légaux condamnés en 1879 pour vagabondage et
» mendicité, 78 seulement ont été condamnés à un
» emprisonnement d'un an et un jour à cinq ans, et
» un à plus de cinq ans. Sur 9,368 récidivistes simples,
» 55 seulement ont été frappés de plus d'un an de pri-
» son Tout le reste, 12,123 récidivistes. n'a subi que
» les peines les plus courtes. A Paris, cette lèpre a
» pris une une telle extension que les agents de
» police n'arrêtent presque plus ; que le petit parquet
» relâche 90 sur 100 des vagabonds qu'on est littérale-
» ment contraint d'arrêter ; que les autres ne sont
» plus condamnés qu'à quelques jours de prison. On
» pense avec raison que les maisons de justice ne sont
» pas faites pour servir de quartier d'hiver à une
» bande d'oisifs et de voleurs ». (*Revue politique et
littéraire*).

CHAPITRE XI

Vices du système répressif. — Emprisonnement et régime pénitentiaire. — Inefficacité de la surveillance de la haute police. —
Son abandon.

Si nous regardons de près, dans son application, dans
son action sur le moral et sur la vie du vagabond,
chacune des peines édictées par l'article 271 du Code
pénal, nous sommes bien forcé de reconnaître qu'en
effet ce système est défectueux, ne saurait être
qu'inefficace.

L'emprisonnement, tel qu'il est pratiqué, n'effraie
pas le vagabond, ne l'afflige pas, est bien loin surtout
d'opérer son amendement.

D'abord il n'en sent pas la honte ni la douleur
morale. Il n'aura pas à vivre dans le mépris de parents
et de voisins ayant eu connaissance de sa condamnation et lui en rappelant durement, en toute occasion,
la flétrissure. Hôte anonyme, inconnu là ou le poussera
son esprit d'aventure, il ne subira pas l'opprobre des
allusions et des sarcasmes. Pendant sa détention, il
n'a pas la pensée affligeante de la peine, de la misère
d'une famille qui réclame sa présence ; il n'a pas à
souffrir d'être longuement séparé de personnes dont la
société lui soit habituelle et nécessaire.

La privation de liberté qui peut être pénible pour

d’autres condamnés, devient en ce qui le concerne, étant généralement de peu de durée, le repos dont il a besoin ; après les fatigues et les hasards de sa vie de plein air, excessivement variée, il accepte sans déplaisir, pour quelques jours ou pour quelques semaines, le contraste d’une vie murée, paisible et monotone qui d’ailleurs n’est guère plus laborieuse : l’emprisonnement est une condition de son existence, il lui procure un gîte et comme un lieu d’étape.

Physiquement il se trouve heureux en prison. Au lieu de coucher sur le sol, sur le pavé des rues, ou sur les greniers, de souffrir journellement le froid et la faim, d’être couvert de vêtements en haillons, d’être exposé ainsi aux intempéries de l’hiver, de se nourrir de rebuts ; il repose dans un lit, porte des habits chauds et propres, reçoit des repas réguliers et suffisants. Cette satisfaction de ses besoins matériels lui fait éprouver un véritable bien-être. Pressé par la misère, il regarde la prison comme la maison de refuge où il a place assurée ; beaucoup de vagabonds se livrent volontairement à la justice, et il est à remarquer que les condamnations pour ce délit, sont en plus grand nombre à l’approche de la mauvaise saison et que, dans les ressorts qui ont des maisons d’arrêt mieux tenues, où les détenus sont mieux logés et mieux nourris, les tribunaux ont à juger plus de vagabondages.

L’emprisonnement n’apporte donc aucune souffrance au vagabond. Souvent au contraire, lui-même le recherche, et il est fréquent de l’entendre supplier le tribunal de l’y condamner pour un certain temps.

Singulière peine dont les rigueurs sont demandées par celui-là même qu'elle est destinée à punir! Singulière situation du juge qui ne fera, en lui appliquant les sévérités de la loi, que céder au désir du prévenu et qui ne pourrait, pour l'affliger, que prononcer la pénalité la plus minime!

D'un autre côté, notre régime pénitentiaire n'est pas de nature à améliorer le condamné, à lui inspirer des sentiments honnêtes, des habitudes de travail. Il a été reconnu maintes fois que la réunion des détenus produit sur eux l'effet le plus pernicieux : entrés mauvais en prison, ils en sortent pires. Dans les ateliers où ils sont enfermés rapprochés les uns des autres, en dépit de la surveillance des gardiens, des colloques s'engagent à mi-voix, des propos obscènes circulent ; les plus endurcis se vantent de leurs méfaits ; les moins pervers sont corrompus par ce contact, apprennent la dépravation et le cynisme. Des liaisons se contractent, des rendez-vous sont pris pour l'époque de la libération : dans la prison se trouve souvent l'origine d'associations de malfaiteurs, de projets criminels qui reçoivent plus tard leur exécution.

Quand bien même il est obligatoire, le travail des prisons n'est jamais que peu actif : qu'il déploie plus ou moins de zèle, le détenu est certain qu'il sera également pourvu à ses besoins ; il n'est pas pressé par la nécessité, et l'appât du mince pécule qui pourra lui être remis dans un temps éloigné, n'est pas de nature à le solliciter vivement. Il n'a pas la faculté de choisir l'exercice d'un métier qui soit conforme à ses aptitudes, dont il ait quelques notions, dont il compte vivre une fois rendu à la liberté. Le travail est donné généralement à l'entreprise: un industriel fournit à tous les détenus renfermés dans une maison d'arrêt ou de justice une même occupation; elle doit être simple, ne demander aucun apprentissage, être possible à toutes les intelligences et à tous les bras; elle ne peut offrir par conséquent, ni attrait, ni gain convenable, ni être propre à inspirer au condamné le goût du travail, ni lui être de quelque utilité pour l'avenir.

La mise du vagabond sous la surveillance de la haute police est non moins inefficace.

Le gouvernement assigne au vagabond libéré une résidence obligée. Croit-il par là lui procurer dans la réalité un domicile et faire cesser ainsi son état de vagabondage? Il ne réussit qu'à établir contre lui une pure fiction.

Le défaut de domicile n'est lui-même que la conséquence de défaut ou de mœurs régulières, d'intérêts et d'affectious stables, d'occupation suivie. Il faut, pour amender le vagabond, lui assurer des moyens honnêtes de subsistance, l'accoutumer à la vie laborieuse; la surveillance le place dans une condition telle qu'il lui devient plus difficile qu'à tout autre de se livrer au travail; elle l'empêche de se le procurer hors d'un cercle étroit. En supposant qu'il ait bien la volonté de se retirer de l'oisiveté, il est possible qu'il ne trouve pas à exercer sa profession dans la commune où il est envoyé et où il doit résider, ou bien que l'emploi qu'il y a obtenu vienne un jour à lui manquer. Il est astreint à se présenter à la police ou à la gendarmerie, soit certains jours fixés, soit toutes les fois qu'il y est invité : ces démarches peuvent être bientôt remarquées et, sa situation de condamné libéré étant connue, il se voit repoussé par ses compagnons, congédié le plus souvent par son patron ou son chef d'atelier, désigné au mépris et à la défiance publique.

Par l'effet de ces circonstances, il est presque fatalement amené à quitter sa résidence obligée, à reprendre sa vie de vagabondage ; en fait, la plupart de ces condamnés sont dans un état constant de rupture de ban ; la surveillance n'a pour résultat que de mettre à leur charge ce nouveau délit et de les jeter plus irrémédiablement hors de la vie sociale : « Elle ne surveille pas, » elle ne préserve pas, elle ne fait qu'aggraver un état » déjà misérable ; elle moleste les meilleurs et ne gêne » guère les plus mauvais ; de la façon dont elle se » pratique, elle fait du libéré un récidiviste malgré » lui, et l'immatricule au grand livre du crime ». (Michaux. — *Question des peines*).

Aussi les tribunaux usent généralement de la faculté qui leur est reconnue par la Cour de cassation, de s'abstenir, en accordant au prévenu le bénéfice des circonstances atténuantes, de lui infliger la peine de la surveillance de la haute police ; cette peine n'est que rarement prononcée, à peine une fois sur vingt-quatre : d'après le compte général pour l'année 1879, des 10,211 condamnations pour vagabondage, 412 seulement ont emporté la mise sous la surveillance.

Ainsi rien n'est fait pour moraliser le vagabond, ni

pour défendre la société contre ses agissements. Un
emprisonnement qui ne leur est nullement pénible et
dont le régime est tel qu'il ne peut qu'achever de les
corrompre, constitue l'unique moyen de répression et
de correction pratique à l'égard de ces agents dangereux. Un pareil système est nécessairement funeste, et
ces observations présentées par Larochefoucault-Lian-
court, dans son rapport à l'Assemblée constituante,
au sujet des lois de la monarchie en matière de mendicité et de vagabondage, restent la critique de notre
législation criminelle : « Les secours fournis dans les
» hôpitaux étaient insuffisants et les dépôts étaient à
» peu près inutiles. — Les prisons manquaient souvent
» d'ateliers et la fainéantise y était obligée, ou le tra-
» vail qui y était offert aux condamnés n'était analo-
» gue ni à leurs forces ni à leur genre de vie. — Il
» régnait en général dans ces prisons un défaut absolu
» de l'instruction morale si nécessaire aux pauvres.
» — En sortant d'un dépôt, un individu était jeté dans
» la société sans ressources et peut-être moins bon
» qu'il n'y était entré. — A ce moment, son reclasse-
» ment, son retour à la vie honnête n'était pas pré-
» paré. »

CHAPITRE XII

Réformes nécessaires. — Isolement des détenus. — Transportation.
— Son mode d'application aux vagabonds libérés. — Ses avantages.

Ce n'est pas que ces vices n'aient été aperçus et
signalés. Mais les propositions de réformer ce système
répressif, les études, les expériences, les débats publics qui se sont produits à ce sujet n'ont pas abouti.

Sans entreprendre ici un examen de la question
pénitentiaire, nous nous expliquerons sur les mesures
qui pourraient, suivant nous, être appliquées utile-
ment à la catégorie des condamnés pour vagabondage :

Le système de l'isolement des détenus, importé
d'Amérique, a séduit tous les criminalistes.

Il avait été adopté, le 10 mai 1844, par la Chambre
des Députés; il était soumis à la Chambre des Pairs, et
des prisons cellulaires avaient été construites lorsque
la révolution de 1848 interrompit ces travaux.

Il est pratiqué aujourd'hui en Angleterre, en Alle-
magne, en Belgique, en Portugal.

L'Assemblée nationale fut saisie de cette question et
nomma, le 25 mai 1872, une commission de 19 membres dont le rapport fut favorable.

L'application au vagabond de l'emprisonnement cel-

lulaire à séparation de jour et de nuit, nous présente-
rait ce double avantage :

Il subirait au moins l'ennui que cause naturellement
à tout homme l'entière solitude, l'interdiction de tout
commerce avec ses semblables. Là se trouve la seule
peine qu'il soit en état de ressentir, qui puisse constituer la sanction de la loi à son égard, la punition
de sa faute ; toute autre souffrance morale lui est indif-
férente et l'humanité ne permettrait pas qu'il fût
l'objet de privations ou de tourments corporels.

Il serait préservé du danger de la corruption, de la
contagion du vice qu'engendre la promiscuité de la
prison et nous n'aurions plus cette chose triste : l'école
du mal édifiée et entretenue par la société même. Cet
isolement protégerait ce qui subsiste généralement
encore de bon en lui ; car il est bien rare que la
nature humaine soit absolument pervertie. Dans ce
recueillement, n'étant plus soumis aux influences, aux
excitations malsaines qui l'ont perdu, livré à ses
réflexions, en même temps qu'il éprouverait le châtiment, conséquence de sa vie passée, il reverrait le
néant de cette vie, ses misères, ses rigueurs, ses
hontes, et il en viendrait, sans doute, à souhaiter de
commencer une autre existence.

Ainsi la séparation individuelle des détenus serait
propre à corriger les vices de la peine de l'emprisonnement : son efficacité, la démoralisation qu'il produit. Ajoutons à cela que le condamné, dans l'isolement de la cellule, n'ayant pas d'autre distraction,
s'appliquerait plus volontiers à l'occupation qui lui

serait livrée, pourrait acquérir des habitudes laborieuses. Le moyen d'activer plus sûrement son travail serait encore de lui permettre de consacrer son gain au rachat de sa liberté, à abréger, dans une certaine mesure, la durée de sa détention.

Quant à la surveillance de la haute police, elle est mauvaise en soi, de quelque façon qu'elle soit réglée, elle est vicieuse dans son principe, en ce qu'elle gêne pour vivre des individus abandonnés d'ailleurs à eux-mêmes : délaissée de plus en plus dans la pratique, elle doit faire place à une mesure préventive d'un autre caractère.

A ce titre, la transportation paraît actuellement être agréée par l'opinion, vivement frappée surtout par l'expérience qui en a été faite par l'Angleterre, et un projet de loi sur le point d'être déposé par le gouvernement propose de l'appliquer aux récidivistes et aux vagabonds.

Telle que nous la comprenons à leur égard, la transportation ne serait pas, à proprement parler, une peine : elle viendrait après la peine et aurait pour objet d'assurer la sécurité publique et de moraliser le condamné libéré.

Elle serait prononcée par les tribunaux ; car ils sont le mieux à même d'apprécier la situation et l'état normal du coupable, et, de plus, il ne peut appartenir qu'à une décision judiciaire de porter une atteinte si grave à la liberté d'un citoyen.

Les juges auraient la faculté de la prononcer contre l'individu reconnu vagabond, *alors qu'il aurait en-*

couru antérieurement deux condamnations pour ce délit; la double récidive établirait généralement d'une façon suffisante que ce genre d'existence est de sa part une habitude invétérée puisqu'il y aurait persisté sans que les peines déjà subies aient exercé sur lui aucune influence.

Succédant au châtiment et n'ayant plus pour objet de punir, *son exécution ne pourrait consister que dans le transfert des condamnés dans quelque possession coloniale*; là ils ne pourraient être soumis ni à l'internement ni au travail forcé; ils devraient, après qu'ils y auraient été établis, être laissés à leur propre initiative, dans la condition de colons volontaires, contenus seulement par une police fortement organisée et par une surveillance exercée aux points d'embarquement.

Elle serait perpétuelle; car il n'y aurait aucune utilité de les éloigner pour les rapatrier bientôt dans le même état de dénûment et de besoin, et l'espoir du retour leur ferait négliger de se créer aux colonies une situation régulière.

Cette transportation serait un incontestable bienfait pour la société et le seul mode possible de sauvetage pour toute une classe misérable.

Elle rejeterait du territoire cette population envahissante d'êtres oisifs et malfaisants, délinquants de profession, véritables ennemis de l'intérieur; elle arrêterait sûrement ce progrès de la récidive qui effraie les meilleurs esprits et l'accroissement annuel du nombre des délits : précieux résultats que la société

ne saurait payer trop cher, qu'elle a le droit indéniable
d'assurer par ce moyen ! Elle n'est pas tenue, assuré-
ment, de garder et de protéger ceux qui repoussent
obstinément sa discipline et se mettent en état per-
manent de rébellion vis-à-vis d'elle, d'entretenir,
leur vie durant, aux dépens du trésor, ou de laisser
s'entretenir aux dépens de ses membres ceux qui refusent de subsister par le travail suivant la loi commune.

L'exil perpétuel, pour de simples délits déjà expiés,
pourrait être un arrachement trop douloureux à ceux
qui auraient des racines dans un sol natal, qui auraient vécu entourés d'affections, qui laisseraient une
famille à jamais perdue, et il y aurait alors à mettre
en balance d'un côté la considération de ces sentiments, de l'autre l'utilité publique. Mais le vagabond
n'a jamais été tenu par de pareilles attaches ou il les a
rompues volontairement ; il n'est fixé à rien : c'est là
son délit même. Loin qu'il redoute le voyage et l'é-
loignement, souvent des vagabonds prient instam-
ment qu'on les envoie dans les colonies, déclarant
qu'en France ils retomberont fatalement dans les
mêmes fautes, et d'autres commettent un délit grave
ou un crime dans l'intention d'encourir une condamnation à la transportation ; sans doute c'est le changement, l'aventure, l'attrait du lointain qui les séduit ;
mais n'est-ce pas, en même temps, un instinct vrai qui
leur fait connaître dans des reconditions nouvelles
d'existence la possibilité de leur rédemption ?

Le milieu, en effet, et les circonstances extérieures

influent sur le caractère et sur les mœurs. C'est là une vérité psychologique : un changement de sol et de climat, des objets, des physionomies qui l'environnent transforme l'homme lui-même. Le vagabond, enlevé du vieux monde, y laisserait le théâtre et les souvenirs de son ancienne existence et, sur la terre nouvelle où il serait transporté, ne trouverait plus l'occasion de s'y livrer de nouveau. A la vie de vagabondage il faut, pour se soutenir, le milieu d'une société dense, des foules où le déclassé se faufile et passe inaperçu, des richesses accumulées, des productions acquises sur lesquelles il glane sa subsistance, des contrées peuplées où il rencontre secours et asile, où il trouve à demander ou à prendre.

Mais dans une région inculte et n'offrant pas de ressource à l'oisiveté, le transporté serait réduit à accepter de travailler ou à périr de besoin : des instruments seraient dans ses mains, une concession lui aurait été livrée ; la propriété le fixerait quelque part et il se prendrait à aimer ce morceau de terre qui serait sien. Il aurait de plus une famille, si le gouvernement voulait faciliter l'émigration de ces filles qu'une faute a flétries et perdues sans retour selon nos mœurs, et qui consentiraient à changer leur vie de misère et de honte. Donner au condamné le travail, la propriété, la famille, serait le moyen le plus sûr d'opérer sa moralisation et son reclassement.

Les éléments vicieux et nuisibles dont serait purgée la métropole serviraient au dehors sa grandeur et sa fortune. La transportation se trouve à l'origine

des colonies les plus florissantes : des repris de justice furent les premiers colons de l'Amérique anglaise, l'Australie fut fondée par les convicts ; « elle
» est le fruit de la transportation, comme le procla-
» mait le ministre sir G. Grey, à la Chambre des com-
» munes, elle est l'œuvre de ce système pénitentiaire. »
La création de nouvelles possessions et de nouvelles richesses, l'extension de domination et d'influence, la propagation de la race et de l'esprit national,
un développement du commerce et de la marine, de
pareils résultats vaudraient les quelques millions qui
seraient dépensés chaque année pour le transfert et
l'établissement de trois ou quatre mille condamnés.
Ces sommes mêmes ne seraient peut-être pas supé-
rieures à celles que coûtent actuellement ces individus
en frais de procédure et de jugement et pour leur entretien dans les prisons.

Enfin le sol ne nous manquerait pas pour fonder un
lieu de transportation. Dans le Pacifique de la Nouvelle Calédonie, la colonisation pourrait gagner les
Nouvelles-Hébrides dont nos intérêts réclament depuis longtemps l'annexion, puis, de proche en proche,
les îles nombreuses et fertiles qui s'étendent de là à la
Nouvelle-Guinée, et cette terre dont la partie méridio-
nale est encore inoccupée. Ce monde nous est ouvert :
il est vierge de toute civilisation. Il ne renferme
aucune société établie. « La transportation, dit Rossi,
» infeste de tous les scélérats que vomit une grande
» métropole une innocente colonie, un territoire étroit,
» une population peu nombreuse et qui a besoin plus

» que tout autre d'ordre, de régularité de mœurs et
» d'économie ; elle nuit à des innocents à l'occasion
» des coupables. » Mais une société n'est pas formée
avant nombre d'années, et cette objection ne nous
serait pas de sitôt opposable. Elle témoigne du succès
même de la transportation, des résultats acquis par
elle, après un long usage : grief, formulé par Franklin,
des provinces unies d'Amérique, motif des réclamations de l'Australie, elle marque le jour où d'un
ramassis de criminels est issue une nation saine et
fière.

APPENDICE

APPENDICE

DES DIVERS RÉGIMES DE LA TRANSPORTATION

La mesure de la transportation n'est pas nouvelle en droit pénal. « C'est un fait digne de remarque, que » la plupart des sociétés ont eu pour fondateurs les » hommes les moins propres à vivre en société. » (De Blosseville : *Histoire des colonies pénales en Angleterre.*) Nous voyons les peuples anciens procéder à l'expatriation des citoyens déclassés, qui sont un élément de trouble dans la cité, et les utiliser pour la colonisation. — De leur côté, la plupart des nations maritimes de l'Europe moderne ont tenté de tirer parti, de la même façon, de l'Amérique et des terres nouvellement découvertes. Le Portugal embarqua ses condamnés à mort sur les navires destinés à l'exploration des côtes d'Afrique ou d'Asie ; ils devaient reconnaître les premiers ces contrées inconnues, et, s'ils réussissaient dans leur mission, ils recevaient leur grâce, à la condition de ne pas quitter l'établissement colonial. Les prisons fournirent leurs compagnons à Christophe Colomb et à d'autres chefs des expéditions espagnoles.

La législation anglaise, dans l'origine, n'admettait

pas la transportation, tout citoyen anglais ayant le droit de demeurer dans son pays tant qu'il lui plaisait. Un statut de la reine Élisabeth donna d'abord aux juges le pouvoir de prononcer contre les brigands du Cumberland et du Northumberland, à leur discrétion, le dernier supplice ou la peine de la transportation en Amérique. En 1718, un bill du Parlement soumit à cette mesure tous condamnés à trois ans de prison et au-dessus. Le but de cet acte fut plutôt l'éloignement des malfaiteurs que des considérations d'intérêt colonial ou d'amendement des condamnés : ils étaient livrés aux armateurs, qui se chargeaient de les transporter aux moindres frais possibles ; et, dans les colonies, pour tirer de leur cargaison un double profit, les livraient à des planteurs, par lesquels ils étaient traités en esclaves. Quand l'Angleterre eut perdu l'Amérique, elle chercha aussitôt un autre sol qui pût recevoir ses criminels ; dès 1787, un premier convoi fut expédié à la Nouvelle-Hollande, et cette terre reçut les convicts jusqu'en 1868.

En France, sous la monarchie, il y eut quelques tentatives de colonisation pénale. Dès 1558, le marquis de La Roche déposa, à l'Ile-de-Sable, près des côtes d'Acadie, des condamnés extraits des prisons. Beaucoup plus tard, Law fit débarquer, à l'embouchure du Mississipi, plusieurs convois de voleurs et de filles publiques. En 1763, quelques milliers de mendiants furent transportés en Guyane, sur les rives du Kourraux. Tous ces essais, mal conçus et exécutés sans suite, ne fournirent pas de résultat, et ces colons périrent, pour la plupart, victimes de l'imprévoyance du gouvernement. Le Code pénal de 1810 prononça la déportation contre les condamnés pour crime politique. Mais cette disposition ne fut mise à exécution que par la loi du 8 juin 1850. Bientôt après, le décret du 8 décembre 1851 permit à l'administration de décider la transportation des condamnés pour rupture de ban, et la loi du 30 mai 1854 consacra l'abolition des bagnes et la translation aux colonies des condamnés aux travaux forcés.

L'examen de ces procédés, des applications diverses qui ont été faites de la mesure que nous proposons d'étendre aux vagabonds, est le complément nécessaire de notre étude. Car c'est surtout l'expérience qui montre quelle est l'efficacité d'un système pénal et quel est le mode d'organisation qui lui convient.

Nous parcourrons l'histoire de l'Australie, qui fut l'entreprise de colonisation pénitentiaire la plus vaste et la mieux conçue; nous observerons les phases de cette création et les différents régimes qui furent successivement appliqués aux convicts.

Nous rechercherons ensuite, quelle est actuellement, en France, la pratique de la transportation, quel est l'état de nos colonies pénales de Guyane et de Nouvelle-Calédonie, quels systèmes y sont suivis, quels résultats obtenus et quelle condition y ont les condamnés.

§ 1er

ANGLETERRE : Colonisation pénale de l'Australie. — État de liberté
des premiers convicts. — Assignations. — Bill de 1847 : Système
de la *probation* et du *Ticket-of-Leave*.

Pendant que, privée par la guerre d'indépendance
du débouché qui l'avait, depuis près d'un siècle, débarrassée de ses malfaiteurs, l'Angleterre agitait les
systèmes pénitentiaires, sans se décider à remplacer la
transportation, les voyages du capitaine Cook appelèrent
l'attention de son Gouvernernement sur le monde nouveau que devait être l'Australie et il lui parut que cette
île, grande comme un continent, sous un climat
presque européen, pourrait compenser les pertes qui
venaient d'être subies en Amérique. Une heureuse
audace, une promptitude d'un remarquable exemple
fut apportée à la conception et à l'exécution de son projet. Aussitôt la prise de possession résolue, un ordre du
conseil, du 6 décembre 1786, nomma le capitaine de
vaisseau Phillip gouverneur du pays, qui fut baptisé
Nouvelle-Galles du Sud, et un convoi de 800 convicts,
hommes et femmes, fut organisé pour être débarqué
sur ces côtes à peine explorées.

Ces convicts étaient des condamnés à trois ans et
plus d'emprisonnement : le bill de 1718 était toujours
en vigueur. Onze navires, sur lesquels furent placés,
en outre, quelques soldats, des vivres, des instruments, mirent à la voile, le 13 mai 1787 et le 8 janvier

1788, atteignirent Botany-Bay, que le Gouvernement, sur la foi de la peinture qu'en avait faite le capitaine Cook, avait désigné comme le point le plus convenable au premier établissement. Le commodore Phillip ne trouva qu'un mouillage peu sûr, un sol sablonneux, aride et dépourvu d'eau douce. Mais, en longeant la côte, il rencontra à quelques milles au nord, une baie vaste et profonde dont les bords étaient recouverts d'une luxuriante végétation. Ce fut là que, le 26 janvier 1788, il jeta les premiers fondements de la puissante ville de Sidney.

Les débuts de la colonie furent pénibles. Les convicts, pour la plupart artisans des villes, appartenant à des industries de luxe, étaient peu propres aux travaux de construction et de défrichement. Ils furent décimés par le scorbut, puis par la petite vérole; les hôpitaux provisoires continrent bientôt plus de 300 malades et, vingt mois après le débarquement, on comptait 115 décès sur 800 personnes. La famine, dans les premiers temps, menaça les colons sur cette terre sans culture, la sécheresse détruisit la première récolte; nul secours n'était à attendre des contrées voisines qui n'étaient, elles-mêmes, que des îles désertes, et la mère-patrie, satisfaite d'être débarrassée de ces hommes, semblait les abandonner à leur sort. Ce ne fut que le 3 juin 1790 que le premier bâtiment parut, chargé de quelques vivres et de femmes; les nouveaux convois de convicts arrivèrent ensuite régulièrement.

Cependant, à travers ces obstacles inhérents au commencement de toute entreprise de colonisation, provenant de la nature du sol ou imputables à l'insouciance de la métropole, la colonie était créée et, grâce à la fermeté et à l'habile administration du commodore Phillip et de ses successeurs, à leur connaissance des hommes et des choses, au déploiement de l'industrie individuelle activée par ces difficultés mêmes, au principe de liberté et de laisser faire qui est tout le secret de la puissance anglaise, Sydney progressait rapidement.

A la place des abris provisoires s'étaient élevées des cabanes, puis des bâtiments en briques. Le commodore Phillip s'efforçait de vulgariser les meilleures méthodes de culture; il fondait le centre agricole, bientôt prospère, de Rose-Hill. L'administration achetait les grains à bon prix et le commerce commençait avec le dehors. L'élève du bétail se développait; un officier, du nom de Marc Arthur, obtenait le premier de ces immenses troupeaux qui devaient faire la richesse de l'Australie.

Les convicts recevaient des concessions de terre; ils y jouissaient d'un état de liberté qui devait produire sur eux les meilleurs effets: rendus propriétaires, ils comprirent le respect de la propriété, montèrent eux-mêmes la garde autour de leurs champs et demandèrent que les voleurs fussent sévèrement punis.

L'enseignement devait aider à leur moralisation: le quart du revenu total de la colonie était consacré à l'instruction publique.

Afin de les constituer en familles et d'assurer l'avenir de l'établissement, le commodore Phillip promit une protection spéciale aux mariages. Le capitaine King, voulant obvier à la rareté des femmes, ouvrit, à dix-huit milles de Sydney, une maison de refuge pour les orphelines et les filles pauvres d'Angleterre ; elles devaient être mariées aux frais du trésor et dotées au moyen de concessions de terre. Macquarie fit concéder aux familles des condamnés, leur transport gratuit sur les navires de l'État.

Bien que le gouvernemeut négligeât d'adjoindre aux convois aucun personnel de surveillance et qu'il n'y eût que peu de troupes, recrutées également dans les plus mauvais éléments, l'ordre ne fut pas troublé dans la Nouvelle-Galles, parmi ces hommes de la pire espèce et vivant dans un état de quasi-liberté ; ce ne fut que huit ans après la fondation de la colonie qu'un assassinat fut commis à Sydney. Ce furent les mieux notés des convicts qui furent chargés de faire la police ; l'un d'eux reçut, dans une cérémonie solennelle, les insignes de *vatchmann* (veilleur de nuit) et le colonel Macquarie éleva à un *office de magistrature*, le libéré Redfern, signalé pour sa bonne conduite, consacrant ainsi le principe de la rédemption offerte aux condamnés.

En 1820, la Nouvelle-Galles offrait toutes les apparences d'une société correcte et bien assise. Sydney était une capitale riche et en pleine voie de prospérité, possédant des édifices, des écoles, un théâtre, des feuilles publiques, des courses de chevaux, un marché dont la ferme représentait un revenu annuel de 600 livres sterling, une caisse d'épargne, une banque

dont le capital de 20,000 livres sterling avait été sous-
crit en quelques jours dans la colonie même. Elle arri-
vait à se suffire par sa propre industrie ; en outre des
entreprises agricoles, il s'était établi des manufactures
de draps, de poteries, de chapellerie, de cordages. Les
armateurs de Port-Jackon exportaient ses produits,
entretenaient des relations suivies non seulement avec
l'Angleterre, mais avec l'Inde, la Chine et les naturels
de Taïti et de la Nouvelle-Zélande. Ses commerçants
ne le cédaient en rien pour la probité et la sûreté en
affaires, à ceux des autres peuples. Elle-même avait
pris rang de métropole vis-à-vis de l'île de Van Diemen,
où le colonel Collins avait fondé un établissement dès
1804. Le gouverneur Macquarie avait créé la ville de
Bathurst, à l'intérieur, en 1815, et fait construire une
route de cent milles.

Tout cela était l'œuvre des convicts.

A cette époque, à ce premier élément commençait à
s'adjoindre un contingent libre fourni par l'émancipa-
tion et par l'émigration volontaire. Mais ce dernier
composait encore une minorité et, d'après le recense-
ment opéré en 1821 sur 37,000 individus des deux
sexes que comptait la colonie, 21,000 étaient des convicts, 16,000 des libérés ou des colons volontaires.

La présence de cette nouvelle population, son augmentation rapide détermina le Gouvernement à abandonner, a l'égard des convicts, le *système des concessions* qui avait été celui de la première heure.

Le *système des assignations* qui lui fut substitué est
l'œuvre du général Brisbane, successeur de Macqua-

rie ; voyant affluer les émigrants volontaires en même temps que les condamnés, il imagina d'associer les uns aux autres, de proposer aux premiers de se charger des seconds, moyennant un prix consistant en terres Les convicts furent ainsi attachés aux planteurs, comme domestiques, bergers, cultivateurs, employés dans des ateliers de défrichement, soumis à la surveillance de ces maîtres et forcés de travailler pour eux. Ceux-ci devaient, de leur côté, pourvoir à leur nourriture et à leur entretien et leur payer un salaire annuel qui fut fixé à dix livres sterling pour l'homme et à sept livres pour la femme.

Cette organisation du travail, perfectionnée par Darling et par Bourcke, servit la prospérité du pays qui continua à s'enrichir et à s'étendre, et réclama bientôt les droits politiques, obtint l'institution du jury et, vers 1830, un Gouvernement représentatif.

Elle paraît avoir produit un heureux résultat sur les condamnés ; les rapports des fonctionnaires coloniaux, à cette époque, témoignent que, parmi les transportés, un quart avait une excellente conduite, la moitié une conduite assez bonne, un huitième des mœurs assez irrégulières et l'autre huitième des mœurs tout à fait dépravées.

Seulement la condition des convicts, loués, livrés à la discrétion des colons, ressemblait bien à l'esclavage ; elle pouvait être fort dure ; tout dépendait du caractère et du caprice du maître auquel les transportés étaient assignés. Il ne pouvait, il est vrai, les châtier lui-même, mais le magistrat les condamnait sur son simple témoignage et le général Bourcke dut les protéger contre la rigueur excessive de la justice coloniale.

D'autre part, la population libre se plaignait des désordres causés par les convicts qui étaient alors répandus sur un territoire plus étendu et n'étaient plus sous l'action de l'autorité. Elle redoutait surtout pour elle-même la concurrence de la main-d'œuvre à bon marché fournie par la transportation et, n'ayant plus besoin de son concours, la repoussait comme chose honteuse et flétrissante pour la colonie dont elle avait cependant fait la fortune.

L'opinion publique, en Angleterre, s'émut de ces plaintes et une première enquête fut ordonnée dès 1837. Le régime cellulaire venait alors d'être importé en Amérique et il fut question un instant, au Parlement, d'abandonner la transportation et d'appliquer cette nouvelle peine.

Ce mouvement aboutit à une diminution des envois de convicts qui ne furent plus que des condamnés à sept ans au moins et à la suppression du systèms de l'*assignation*. Au lieu d'être jetés dans la colonie aussitôt après leur condamnation, sans préparation aucune à la vienouvelle qui les y attendait, les convicts furent soumis d'abord, en Angleterre, à une épreuve appelée *probation*, subie sur les pontons où ils étaient employés aux travaux publics. A l'expiration de cette période, ils partaient pour l'Australie et y recevaient, si leur conduite leur avait mérité cette faveur, un permis appelé *Ticket of Leave*, à l'aide duquel ils s'engageaient chez les planteurs comme travailleurs à gages.

Le système de la *probation* et du *Ticket* fut développé et perfectionné par le bill de 1847. La pénalité fut divisée en quatre périodes, présentant une gradation destinée à reconduire, comme par étapes, le condamné à la vie libre :

1° Un *emprisonnement cellulaire* d'une durée de huit à neuf mois, subi dans les prisons nouvellement construites de Pentonville et de Milbanck, afin de lui permettre de se recueillir, de le livrer à ses salutaires réflexions, au moment où il venait d'être frappé ;

2° La *probation* ou *servitude pénale*, épreuve consistant en un travail forcé. Les pontons, dont l'installation fut reconnue mauvaise et coûteuse, furent remplacés par des ateliers établis dans les ports, à Portland, à Portsmouth, à Gibraltar, sur les lieux mêmes où il y avait des travaux publics à exécuter. Les condamnés étaient exercés aux professions utiles, recevaient une instruction primaire et pouvaient amasser un pécule ;

3° *Transportation* en Australie avec *Ticket of Leave*, demi délivrance, acheminement vers la liberté vivement désiré par le condamné, et dont il lui appartenait de hâter le moment par sa bonne conduite ;

4° *Rachat de la liberté conditionnelle.* Sur le salaire gagné par le convict dans la colonie sous le régime du ticket, une part était consacrée à payer le passage de sa famille, une autre à couvrir l'état de ses dépenses, et une troisième lui était réservée pour lui permettre de racheter sa liberté au bout d'un certain temps. Il

pouvait ainsi, par le travail, recouvrer la condition
d'homme libre.

C'était une combinaison habile d'une série de mesures appliquées successivement, suivant la transfor-
mation morale du condamné, adaptées aux différents
états par lesquels il doit passer pour être replacé dans
les conditions de l'existence honnête. Mais le bill de
1847, sagement conçu, fut entravé par des difficultés
d'exécution.

Les débouchés manquèrent à la transportation qui
était le fond du système.

Les sociétés australiennes sorties de l'état de formation, devenues riches et fortes, et auxquelles la décou-
verte des mines d'or, vers 1850, apportait jusqu'à cent
mille émigrants libres en une seule année, refusaient,
comme à une autre époque l'Amérique, de recevoir le
rebut de la population de la métropole. Les colons se
montraient disposés à s'opposer, par la violence, au
débarquement des convicts et les législatures, dans
leurs suppliques à la reine, prenaient un ton de menace semblable à celui des remontrances des Provinces unies, à la veille de la déclaration d'indépendance.

L'Angleterre eut peur.

Pressée par ce mouvement de l'opinion publique
dans sa colonie, de concession en concession, elle en
vint à supprimer la transportation.

Le bill de 1853 accorda d'abord aux cours d'assises
la faculté de lui substituer, dans tous les cas, la servitude pénale.

Puis le bill de 1857 permit au Gouvernement, soit de laisser les condamnés dans la mère-patrie, soit de les envoyer dans la colonie et de faire ainsi, de la transportation, une faveur octroyée seulement aux meilleurs. Le système du bill de 1847 était conservé, avec cette innovation que les porteurs de tickets ou *licences* pouvaient être maintenus sur le sol anglais.

Quelques envois de convicts eurent lieu dans la colonie, nouvellement créée, de l'Australie occidentale. Mais les autres États, réunis dans l'*Anti-Transportation League*, faisaient entendre des récriminations de plus en plus ardentes; en 1864, Sir Edouard Carduel leur faisait la promesse que, dans trois ans, un bill de suppression de la transportation serait déposé; le 10 janvier 1868, le dernier convoi touchait l'Australie.

L'expérience avait duré quatre-vingts ans. Le résultat était la création d'une grande nation, la formation d'une race jeune et saine avec les impuretés d'une vieille société, pour l'Angleterre une colonie immense, élément de puissance et source de profits, pour l'humanité un monde nouveau conquis à la civilisation. Le gouvernement anglais ne suspendait l'exercice de la transportation que par nécessité, qu'en raison d'un empêchement de fait; elle n'était abolie par aucun acte législatif et elle subsistait dans la loi. « Si, après enquête et contre-enquête, après essai successif de trois ou quatre systèmes différents, la transportation a aujourd'hui complètement disparu en fait, sinon en droit, du système pénal anglais, ce n'est pas parce que les critiques, justifiées sur certains points de détails, qui ont été dirigées contre ce système par Bentham, Romily, par lord Grey, par d'autres encore, ont triomphé définitivement dans l'esprit des législateurs anglais; c'est parce que le refus absolu opposé par la colonie à tout envoi nouveau de condamnés, a forcé la métropole de se mettre en quête d'un nouveau système pénal. On ne peut donc tirer argument de cette renonciation forcée contre le système lui-même, qui doit être jugé d'après les résultats qu'il a apportés et auquel l'Angleterre doit incontestablement un des éléments principaux de sa grandeur coloniale » (M. d'Haussonvile. — *Etablissements pénitentiaires en France et aux colonies*).

§ 2.

FRANCE : Décret du 8 décembre 1851 et loi du 30 mai 1854. — *Guyane, Nouvelle-Calédonie*. — Condition des transportés : pénitenciers, engagements, concessions.

En France, l'usage de la transportation est de date récente.

Sous le gouvernement de Juillet, lors des débats sur la question pénitentiaire, le livre de M. de Blosseville avait appelé l'attention sur la colonisation pénale, pratiquée avec succès par l'Angleterre. Sur l'initiative de M. Tocqueville et de M. d'Haussonville, la transportation avait été introduite dans le projet de loi à l'égard des condamnés à onze ans de détention; puis elle en avait été retirée par le gouvernement à la suite de l'opposition d'un certain nombre de cours d'appel et du rapport défavorable de M. Bérenger.

Ce fut un acte de dictature qui établit la première application de la transportation. Le décret du 8 décembre 1851 porta que tout individu placé sous la surveillance de la haute police reconnu coupable de rupture de ban, ainsi que tout individu coupable d'avoir fait partie d'une société secrète, pourraient être transportés, par mesure de sûreté générale, à Cayenne ou en Algérie. La mesure était bonne en elle-même, en tant qu'elle concernait les condamnés sous la surveillance, repris de justice dangereux, qu'il était utile d'éloigner du territoire. Elle répondait à cet égard aux vœux qui avaient été exprimés par divers conseils généraux et par plusieurs cours : « La déso-
» béissance aux prescriptions de l'article 44 du Code
» pénal, avait proposé entre autres la cour d'appel
» de Nancy en 1843, pourrait être punie de la trans-
» portation dans certains cas déterminés ».

Mais le décret de 1851, statuant sur une matière de l'ordre législatif, était certainement inconstitutionnel ; il avait de plus le tort de laisser, sous prétexte de sûreté générale, le prononcé d'une véritable mesure pénale à la discrétion de l'autorité administrative, qui ne doit être que l'instrument d'exécution des décisions judiciaires, et son caractère violent et politique se manifestait encore par l'assimilation qui y était faite entre des repris de justice et des membres de société secrète.

Dans les premières années de l'empire, 500 condamnés pour rupture de ban furent envoyés à la Guyane. Mais l'administration elle-même recula bientôt devant le droit exorbitant qui lui était conféré d'opérer arbitrairement la transportation. Devenu d'une application de plus en plus rare, le décret de 1851 était tombé en désuétude lorsqu'il fut aboli le 24 octobre 1870, par le gouvernement de la Défense nationale.

Ce fut encore un simple décret du 27 mars 1852 qui décida que la peine des travaux forcés serait subie aux colonies : « Sans attendre la loi qui doit modifier le » Code pénal, quant au mode d'exécution de cette » peine ». La loi du 30 mai 1854, qui est aujourd'hui en vigueur, et dont nous allons examiner les dispositions, ne fit donc dans son article premier : « La peine » des travaux forcés sera subie à l'avenir dans des » établissements créés par décrets de l'empereur, sur » le territoire d'une ou de plusieurs possessions fran- » çaises autres que l'Algérie » que consacrer le fait déjà accompli. Elle eut d'ailleurs un effet rétroactif, expressément étendue aux condamnations antérieurement prononcées et aux crimes antérieurement commis. Elle est applicable à tous condamnés aux travaux forcés à perpétuité ou à temps, de moins de 60 ans, sauf le cas d'empêchement à la translation. A l'égard des femmes, elle laisse au gouvernement la faculté de les conserver en France, et de fait, l'administration use de cette faculté pour ne soumettre à la transportation que celles qui acceptent de faire le voyage : pratique regrettable, croyons-nous ; car la possibilité des mariages, la constitution de familles est la condition nécessaire de l'amendement des condamnés comme du progrès de la colonie.

La Guyane, contrée de 18,000 lieues carrés, d'un sol fertile et dont la population ne comprenait que quelques milliers d'Européens, fut d'abord choisie comme lieu de transportation.

Dès le 31 mars 1852, la corvette l'*Allier*, quitta la rade de Brest, ayant à son bord 301 forçats, d'autres convois se succédèrent rapidement, et à la fin de l'année 1852 le nombre des transportés dirigés sur la Guyane s'éleva à 2,200, sans que pourtant, suivant l'expression même de la notice officielle de 1867 : « rien n'eût été » préparé pour les recevoir » par une administration tout à fait novice en cette matière. Ils séjournèrent d'abord aux îles du Salut, d'où ils furent répartis sur le Continent.

Les deux premiers établissements qui furent créés sur la Grande Terre furent celui de la Montagne d'Argent, à l'embouchure de l'Oyapock, où furent entrepris des travaux de défrichement, et celui de Saint-Georges, sur la rive gauche du même cours d'eau, où les transportés furent employés à l'exploitation des forêts. Les débuts parurent heureux ; la réussite des premières plantations promettait d'abondantes ressources, et le sol était riche en bois d'essences précieuses. Mais les miasmes se dégageant des terres idondées par les pluies et chauffées par un soleil ardent, engendrèrent des fièvres paludéennes, les colons périrent en grand nombre, et les deux établissements durent être évacués en 1863 et 1864.

A. L.   7

Les essais faits sur d'autres points de la colonei échouèrent pour la même cause. L'insalubrité du climat, telle que sur 20,914 transportés de 1852 à 1874, 9,858 sont décédés, opposa un obstacle invincible à la colonisation de la Guyane. Le gouvernement décida en 1867 de ne plus diriger sur cette possession aucun convoi de condamnés européens, et d'y transporter seulement les individus de race africaine et asiatique, condamnés par les tribunaux des Antilles, de la Réunion, de l'Inde, de la Cochinchine et de l'Algérie, moins exposés aux atteintes des fièvres.

Actuellement, l'effectif des condamnés et des libérés résidant en Guyane, est d'environ 5,000 individus, concentrés au pénitencier de Cayenne, lieu de dépôt pour les forçats employés à des travaux d'utilité publique, dans la ville ou aux environs, aux îles du Salut, qui contiennent les ateliers où sont fabriqués les objets nécessaires au service de la transportation et à l'entretien des bâtiments, et sur le territoire relativement salubre de Saint-Laurent du Maroni, centre agricole assez prospère.

Un décret du 2 septembre 1863 affecta à la transportation la possession de la Nouvelle-Calédonie, qui présente l'avantage d'un climat sain, tempéré, presque européen. Un premier convoi de 250 condamnés toucha Nouméa le 2 mai 1864 ; deux autres convois en 1866 y débarquèrent 400 condamnés. Depuis 1867, l'effectif des transportés dans la Nouvelle-Calédonie, notre unique colonie pénale pour les Européens, s'est élevée rapidement ; il était de 2,600 en 1870 ; il est actuellement d'environ 8,000 forçats en cours de peine ou libérés.

L'île Nou, dans la baie de Nouméa, à une très-petite distance de cette ville, a servi d'abord de dépôt général aux condamnés qui arrivent de France; le pénitencier a presque en entier été construit par eux. Les incorrigibles de la cinquième classe y sont aujourd'hui enfermés. Des stations agricoles ont été créées sur les côtes de la Grande-Ile et à l'intérieur: à l'Orphelinat, à Yahoué, à Ouarail, à Kanala, à Prony, centre d'exploitation forestière. La ferme de Bourrail, autour de laquelle les concessionnaires forment un véritable village, est l'établissement le plus important.

La condition des transportés dans ces colonies est à examiner à différents égards.

Ils sont atteints dans leurs droits civils, et parfois dans leurs droits politiques, publics, et de famille, soumis à certain régime disciplinaire et économique, astreints à certains travaux et à certaines obligations.

Le condamné aux travaux forcés à temps est, pendant la durée de sa peine, en état d'interdiction légale. Il lui est nommé un tuteur et un subrogé-tuteur, dans les formes prescrites pour les nominations des tuteurs et subrogés-tuteurs aux interdits « pour gérer et administrer ses biens », porte l'article 29 du Code pénal. Il ne faudrait donc pas assimiler le condamné à l'interdit judiciaire, quant aux actes qui concernent la personne : il conserve la capacité de se marier, d'adopter de reconnaître un enfant naturel; tous ces droits ne peuvent être exercés par représentant, de sorte qu'en refuser au condamné l'exercice, serait lui en ôter indirectement la jouissance. Il est de même de la faculté de tester, et un arrêt de la cour d'appel de Rouen, du 28 décembre 1822, décide, avec raison, que le testament fait par le condamné pendant la durée de sa peine est parfaitement valable. Le but de la loi est d'empêcher que le condamné se procure, par la disposition actuelle de ses biens, des ressources pouvant servir à adoucir son sort ou à faciliter son évasion. Il résulte de ce principe ces deux autres différences entre la condition de l'interdit judiciaire et celle de l'interdit légalement : il ne peut être remis à ce dernier, pendant qu'il subit sa peine, aucune somme, aucune provision, aucune partie de ses revenus (art. 31 du Code pénal). — La nullité des actes de gestion et de disposition passés par lui, est absolue et peut être proposée tant par les personnes qui ont contracté avec lui, que par lui-même ou en son nom (arrêts de la Cour de cassation du 25 janvier 1825 et du 8 mai 1839); car elle est établie, non pour le protéger, mais contre lui et, autrement, l'incapacité dont la loi a entendu le frapper serait illusoire

Le condamné aux travaux forcés à temps, est en outre en état de dégradation civique, c'est-à-dire privé des droits civiques et politiques : de vote, d'élection, d'éligibilité — de droits publics : d'être juré, témoin dans les actes ou en justice, de remplir aucune fonction de l'Etat, de servir dans l'armée, d'enseigner, de tenir école — de droits de famille : d'être membre du conseil de famille, tuteur, curateur, subrogé-tuteur, conseil judiciaire, si ce n'est de ses propres enfants (art. 34 du Code pénal).

Le condamné aux travaux forcés à perpétuité était, sous l'empire du Code pénal, frappé de la mort civile. Elle a été abolie par la loi du 31 mai 1854, et remplacée par une triple déchéance : l'interdiction légale, la dégradation civique et l'incapacité nouvellement établie de disposer et recevoir à titre gratuit, si ce n'est pour cause d'aliments. Ce n'est pas seulement l'exercice des droits de faire un testament, ou une donation, ou de recueillir à ce titre qui est retiré au condamné, il en perd la jouissance même. De plus, le testament par lui fait antérieurement, alors qu'il était capable, est annulé. Il conserve au contraire le droit de succéder à l'intestat et de transmettre ses biens à ses héritiers légitimes : cette déchéance eût atteint injustement ses enfants ou sa famille, au lieu que celle qui lui est infligée a pour effet d'assurer leurs droits héréditaires.

Les lois du 30 et du 31 mai 1854 permettent au gouvernement de relever, du moins pour partie, les condamnés de ces incapacités et de les faire renaître, dans la colonie, à la vie civile.

Il peut les réintégrer dans l'exercice des droits civils, dont ils sont privés par leur état d'interdiction légale ou de quelques-uns de ces droits, et les autoriser à jouir et à disposer de tout ou partie de leurs biens. Il peut également, à l'égard du condamné à perpétuité, lui restituer la capacité de transmettre et de recevoir par donation ou testament. — Toutefois les actes faits par les condamnés, en vertu de ces restitutions, ne

sauraient engager les biens qu'ils possédaient au jour
de la condamnation, ou qui leur sont échus depuis cette
époque : par succession, donation ou testament. Ce
n'est que du fruit de leurs travaux, des conquêtes de
leur existence coloniale qu'ils reprennent la libre disposition ; la loi nouvelle a voulu les engager à se créer
dans la colonie une situation, une fortune. Si tel est
son esprit, il faut dire qu'il leur est permis d'engager
les biens acquis à titre onéreux depuis leur condamnation, en quelque lieu qu'ils soient situés, et que les
expressions « dans le lieu d'exécution de la peine »
de la loi du 31 mai 1854 et « dans la colonie » de
l'article 12 de la loi du 30 mai, signifient seulement
que ces articles s'appliquent au condamné résidant
dans la colonie. — La restitution n'est que pour l'avenir, elle est sans influence sur les actes déjà passés par
le condamné, et elle ne pourrait notamment valider le
testament fait en temps d'incapacité, ni faire revivre
celui qui serait antérieur à la condamnation. — Elle
est définitive, et le gouvernement n'aurait pas le droit
de la retirer, après l'avoir accordée.

L'article 12 de la loi du 30 mai 1854 confère aussi
au gouvernement la faculté de donner main-levée de
quelques-unes des déchéances qui constituent la dégradation civique : de l'incapacité d'être : juré, expert,
témoin, et de celle d'être tuteur, curateur ou membre
d'un conseil de famille, mais cela seulement à l'égard
des libérés ; la dégradation civique, en effet, à la différence de l'interdiction légale, subsiste après l'exécution
de la peine principale.

Le régime pénal et disciplinaire des condamnés est fixé par le décret du 29 août 1855 : tous les individus subissant la transportation dans les colonies pénitentiaires d'outre-mer, sont assujettis au travail et sont soumis à la discipline et à la subordination militaires ; ils sont justiciables des conseils de guerre et jugés d'après les lois militaires, ainsi que les libérés tenus de résider dans la colonie.

Ils doivent être occupés aux travaux les plus pénibles de la colonisation, et à tous autres travaux d'utilité publique (art. 2 de la loi du 30 mai 1854). L'exécution de cette disposition, l'emploi et la distribution des condamnés sont réglés par arrêtés du gouverneur colonial, auquel il appartient de statuer, par mesure générale, sur tout ce qui les concerne. Ils sont tenus en Guyane, dans les pénitenciers de Cayenne et des îles du Salut, en Nouvelle-Calédonie, dans le pénitencier de l'île Nou, et dans les stations créées sur divers points, selon les besoins de la colonisation ; ils sont employés soit dans des ateliers intérieurs, soit au dehors, par escouades et sous la garde des surveillants, à des services publics : au pavage et à l'entretien des rues de Nouméa et de Cayenne, aux constructions, aux routes, aux défrichements. Les conditions de leur travail et les rigueurs du traitement qui leur est infligé sont en raison de leur degré de perversité.

Ils sont divisés, en vertu du décret du 18 juin 1880, lequel n'a fait d'ailleurs que sanctionner et compléter l'organisation établie antérieurement, en cinq classes déterminées d'après leur situation pénale, leur état

moral, leur conduite et leur assiduité au travail. A leur
arrivée au pénitencier, ils sont placés dans la quatrième classe et, s'ils sont récidivistes, dans la cinquième. Ils peuvent passer à la classe supérieure par
décision du gouverneur, sur la proposition du direc-
teur de l'administration pénitentiaire, à la condition
d'avoir été employés, au moins six mois, aux travaux
de leur classe et de n'avoir encouru pendant ce temps
aucune punition. — Les condamnés de la deuxième
classe reçoivent un salaire. Ceux de la troisième ne
reçoivent de salaires qu'à titre de récompense excep-
tionnelle. Ceux de la quatrième ne touchent aucune
part de gain, sont astreints au silence et isolés de nuit,
si les locaux le permettent. Ceux de la cinquième sont,
de plus, privés de la ration de tabac et de vin ou de
tafia, commencent de travailler une demi-heure plus
tôt, finissent une demi-heure plus tard et peuvent
être chargés de la chaîne et de la double chaîne.

Les condamnés de la première classe sont les seuls
qui soient admis au bénéfice de l'article 11 de la loi
du 30 mai 1854 : « Les condamnés des deux sexes qui
» se sont rendus dignes d'indulgence par leur bonne
» conduite, leur travail et leur repentir, pourront
» obtenir: 1° l'autorisation de travailler aux conditions
» déterminées par l'administration, soit pour les habi-
» tants de la colonie, soit pour les administrations
» locales ; 2° une concession de terrain et la faculté
» de le cultiver pour leur propre compte. — Cette
» concession ne pourra devenir définitive qu'après la
» libération du condamné ».

Les condamnés autorisés à travailler pour les administrations ou pour les particuliers, sont dans un état de liberté provisoire: attachés aux services publics du génie, de la marine, des approvisionnements et subsistances, des ponts et chaussées, de l'imprimerie — affectés à la culture ou à l'industrie privée, en vertu d'un contrat *d'engagement*, passé entre l'administration pénitentiaire et les colons, et dont les conditions ont été réglées par divers arrêtés : l'engagement est conclu pour deux années au minimum ; outre la nourriture. le vêtement et le logement, l'engagiste doit à l'engagé un salaire de 40 centimes par jour, dont la moitié est remise immédiatement à celui-ci, et l'autre moitié est versée à la caisse centrale. L'engagiste est tenu d'exercer une surveillance sur l'engagé, et de rendre périodiquement compte à l'administration de sa conduite.

Des concessions sont accordées à titre provisoire aux transportés qui se sont montrés dignes de cette faveur et qui semblent avoir les aptitudes nécessaires pour entreprendre une exploitation. Elles ne deviennent définitives qu'à l'égard des libérés et qu'après l'expiration d'un délai de cinq ans (décret du 31 août 1873).

Le concessionnaire reçoit 2 hectares de terre ; cette étendue est doublée, s'il est marié, et triplée s'il a deux enfants. Il reçoit en outre une case toute construite, des outils et instruments agricoles, et pendant les deux premières années, le vivre et l'habillement. A la Guyane, tous les concessionnaires sont établis à Saint-Laurent du Maroni, où ils forment une population d'un millier d'individus, en comprenant leurs familles ; ils se consacrent à la culture de la canne à sucre ; l'administration achète leurs produits qui alimentent exclusivement une usine qu'elle a construite. A la Nouvelle-Calédonie, l'administration a fondé également une sucrerie près de la ferme de Bourrail, autour de laquelle sont groupées les concessions, au nombre d'environ 150 ; elle a fait mieux encore en intéressant les concessionnaires aux bénéfices de l'usine.

A l'expiration de sa peine, l'article 6 de la loi de 1854 astreint le condamné à plus de huit ans de travaux forcés à la résidence dans la colonie pendant toute sa vie ; le condamné à moins de huit ans n'est tenu au contraire d'y demeurer qu'un temps égal à la durée de sa condamnation. Cette seconde disposition est d'un effet malheureux. La transportation ou ne doit pas être appliquée, ou doit être perpétuelle. L'expérience a montré que le condamné qui a la perspective du retour en France, refuse de s'adonner dans la colonie à aucun travail productif, et de s'y créer une occupation et un établissement. D'autre part le libéré, le jour où il est ramené dans la métropole, après des années d'éloignement, s'y retrouve sans ressources et sans relations, dans une situation éminemment dangereuse. Dans la colonie, au contraire, le même libéré est l'élément le plus utile de la colonisation, et la rareté de la main-d'œuvre, lui permet de trouver facilement à être occupé : 807 libérés pouvaient en effet vivre de leur seul travail sur 1,056 existant en Nouvelle-Calédonie en 1875.

Il serait difficile d'apprécier encore le système de la loi du 30 mai 1854. L'épreuve qui, ayant échoué d'abord dans la possession mal choisie de la Guyane, n'a été poursuivie en Nouvelle-Calédonie, dans des conditions régulières, que pendant quinze années, a duré trop peu et a eu lieu à l'égard d'un trop petit nombre d'individus pour qu'il soit possible de porter sur elle un jugement définitif. Nous devons constater cependant des avantages déjà obtenus: les engagés sont recherchés par les planteurs, des établissements industriels ont été fondés par des condamnés ou des libérés, les centres agricoles du Maroni et de Bourrail paraissent être en pleine voie de prospérité. Ces résultats acquis sont en eux-mêmes encore de peu d'étendue; mais ils sont de nature à faire espérer que ce serait avec succès que la transportation serait pratiquée plus largement.

Imprimerie nancéienne, 1, rue de la Pépinière. — Direct. : GÉBHART.

ERRATA

Page 29, ligne 20, au lieu de : entre ces deux échéances, lisez :
entre deux échéances.

— 38, lignes 12 et 13, ces mots : *les contraventions de l'article 541*, doivent être supprimés.

— 44, ligne 28, au lieu de : remplacé, lisez : *replacé*.

— 57, ligne 20, au lieu de : surveilance, lisez : *surveillance*.

— 72, ligne 19, au lieu de : de défaut ou de mœurs, lisez : *du défaut de mœurs*.

— 76, ligne 27, au lieu de : son efficacité, lisez : *son inefficacité*.

— 77, lignes 25 et 26, au lieu de : état normal, lisez : *état moral*.

— 79, ligne 28, au lieu de : reconditions, lisez : *conditions*.